普通高等教育"十三五"规划教材

跨境电子商务

主　编　马海峰

北京工业大学出版社

图书在版编目（CIP）数据

跨境电子商务 / 马海峰主编 . — 北京： 北京工业大学出版社，2018.12（2021.5 重印）

普通高等教育"十三五"规划教材

ISBN 978-7-5639-6533-5

Ⅰ.①跨… Ⅱ.①马… Ⅲ.①电子商务—高等学校—教材 Ⅳ.① F713.36

中国版本图书馆 CIP 数据核字 (2019) 第 020754 号

跨境电子商务

主　　编：	马海峰
责任编辑：	齐雪娇
封面设计：	晟　熙
出版发行：	北京工业大学出版社
	（北京市朝阳区平乐园 100 号　邮编：100124）
	010-67391722（传真）　　bgdcbs@sina.com
经销单位：	全国各地新华书店
承印单位：	三河市明华印务有限公司
开　　本：	787 毫米 ×1092 毫米　1/16
印　　张：	10.75
字　　数：	240 千字
版　　次：	2018 年 12 月第 1 版
印　　次：	2021 年 5 月第 2 次印刷
标准书号：	ISBN 978-7-5639-6533-5
定　　价：	58.00 元

版权所有　翻印必究

（如发现印装质量问题，请寄本社发行部调换 010-67391106）

前　言

电子商务在我国虽然只经历了短短几十年的发展，但是已经历经 B2B、B2C 两次大起大落。第一次始于 20 世纪 90 年代中期，张树新的"瀛海威"、丁磊的"网易"、马化腾的"PonySoft"、马云的"中国黄页"等如井喷般出现，让许多外贸工厂、进出口贸易公司得以迅速扩张。1999 年"中国电子商务第一人"王峻涛创办了"8848"，这标志着国内第一家 B2C 电子商务网站的诞生，之后邵亦波创办"易趣网"、马云创办"淘宝网"等，越来越多的针对 C 端用户的电子商务网站蓬勃而出，淘宝网、天猫网等平台历经多年的发展，到了今天已经日趋成熟，潜移默化渗透到人们的生活之中。

伴随着科技的发展、国际贸易一体化进程的加速，2014 年迎来了跨境电子商务元年。这一年，不仅业界大佬天猫国际、亚马逊等竞相"逐鹿中原"，另外 36 家跨境电子商务企业诸如"世纪购""西港全球购""优鲜码头"等也逐步落地开花。2016 年中国跨境电子商务进出口贸易额达 6.5 万亿元；到了 2018 年，仅上半年中国跨境电子商务交易额就为 4.5 万亿元，同比增长 25%。为了适应跨境电子商务的飞速发展，使电子商务从业者清晰地了解跨境电子商务的发展历程，提升电子商务从业者的业务水平和能力，本书将系统地梳理、讲解跨境电子商务的基础知识，分析跨境电子商务的发展历程。

跨境电子商务涵盖的知识点非常广泛，为了更加精准、有效地提升读者的应用技能，同时兼顾实用性与创新性、应用性与发展性，本书分为七个项目，分别阐述跨境电子商务的基础知识、跨境电子商务平台、跨境电子商务选品、跨境电子商务商品的销售、跨境电子商务的运营、跨境电子商务支付、跨境电子商务的国际物流与通关。

由于电子商务的飞速发展，以及相关平台的日新月异，本书的内容围绕着截稿之前的相关数据和平台进行写作；由于笔者水平有限，时间仓促，书中难免有不足之处，望广大读者批评指正。

目 录

项目一 跨境电子商务导论 ·· 1

    任务一　跨境电子商务的含义和种类 ·························· 2

    任务二　跨境电子商务的特点 ···································· 5

    任务三　常见的跨境电子商务平台 ······························ 11

    任务四　跨境电子商务人才的需求分析 ························ 16

项目二 跨境电子商务平台——以速卖通为例 ············· 23

    任务一　跨境电子商务平台速卖通的商业模式 ·············· 24

    任务二　速卖通平台账号的开通 ································ 27

    任务三　商品发布的规则和流程 ································ 31

    任务四　商品交易规则 ·· 41

项目三 跨境电子商务选品 ·· 47

    任务一　跨境电子商务商品相关法规及知识产权保护政策 ······· 48

    任务二　跨境电子商务选品策略 ································ 52

    任务三　跨境电子商务选品方法——以 3C 数码类产品为例 ······· 60

项目四 跨境电子商务商品的销售 ······························ 64

    任务一　跨境电子商务店铺的装修 ···························· 65

任务二　商品的标题与关键词选取技巧 …………………………………… 70

　　任务三　商品信息页面的优化与上传 …………………………………… 77

项目五　跨境电子商务的运营 …………………………………… 87

　　任务一　跨境电子商务的会员管理 ……………………………………… 88

　　任务二　跨境电子商务的客户服务 ……………………………………… 93

　　任务三　跨境电子商务的营销与推广 …………………………………… 105

项目六　跨境电子商务支付 ……………………………………… 114

　　任务一　跨境支付的方式 ………………………………………………… 115

　　任务二　第三方支付——以国际支付宝为例 …………………………… 119

　　任务三　账户的创建、绑定及认证——以 PayPal 为例 ………………… 126

项目七　跨境电子商务的国际物流与通关 ……………………… 133

　　任务一　跨境物流的种类 ………………………………………………… 134

　　任务二　海外仓服务模式 ………………………………………………… 141

　　任务三　常用的跨境设备和工具 ………………………………………… 147

　　任务四　物流模版跨境包裹单设置 ……………………………………… 157

　　任务五　跨境电子商务的通关 …………………………………………… 160

参 考 文 献 ………………………………………………………… 164

项目一　跨境电子商务导论

项目概述

跨境电子商务是贸易全球化的具体体现，也是国际商务发展的重要方向，跨境电子商务的发展使世界经济贸易的大发展迎来了巨大的变革。世界各国、国际经济组织之间互动越发的频繁。对于我国的企业而言，在世界经济大发展、大转型的时期，如何成为跨境电子商务的一部分，利用跨境电子商务拓宽进入国际市场的渠道，优化资源配置、实现互利共赢是企业必须思考的问题。对于广大的消费者而言，跨境电子商务带来了更加便捷的购物途径，了解不同跨境平台就显得尤为重要。因此本项目从跨境电子商务的含义和种类入手，讲述跨境电子商务的特点，介绍不同跨境电子商务平台，并对大家从事跨境电子商务工作的需求进行阐述，旨在让大家对跨境电子商务有所了解，走进跨境电子商务知识的大门。

案例思考

2018年7月，我国新增了北京、呼和浩特、沈阳、长春、哈尔滨、南京、南昌、武汉、长沙、南宁、海口、贵阳、昆明、西安、兰州、厦门、唐山、无锡、威海、珠海、东莞、义乌22个城市的跨境电子商务综合试验区。这是自2015年3月7日，我国设立杭州为首个跨境电子商务综合试验区，2016年1月6日增设宁波、天津、上海、重庆、合肥、郑州、广州、成都、大连、青岛、深圳、苏州12个城市为跨境电子商务综合试验区之后，第三次进行试点。跨境电子商务综合试验区的设立给城市经济的发展带来了巨大的推动作用，2017年度杭州跨境电子商务指数发展报告显示，截至2017年12月底，杭州跨境电子商务综合发展指数为257.32点，同比增长了56.48点，增幅为28.12%。杭州试验区的成功可以归纳为"六大体系，两个平台"。所谓"六大体系"，包括信息共享体系、在线金融服务体系、智能物流体系、电商诚信体系、统计监测体系和风险防控体系；而两大平台，则是指线上"单一窗口"和线下"综合园区"两个平台，可以实现与政府管理部门间的数据交换和互联，同时为跨境电子商务企业提供物流快递、金融等供应链服务。"六大体系，两个平台"的建立大大改变了传统进出口贸易的流程复杂、效率低、进出口关税和清关问题牵扯不清的问题。随着第三批试点城市的公布，跨境电子商务综合试验区将会在我国广泛地展开，通过制度的创新、技术流程的提升，跨境电子商务的产业链和生态链将进一步提升和完善。

那么，请大家想一想，我国设立跨境电子商务综合试验区的优势是什么？对于消费者而言，设立跨境电子商务综合试验区能带来什么好处？对于企业而言又能带来哪些改变？你所在的城市或者临近地区是否为跨境电子商务综合试验区？它为你的生活带来了哪些变化？

任务一　跨境电子商务的含义和种类

【任务导入】

信息技术的发展，让互联网成为我们日常生活中重要的组成内容，电子商务在近二十年成为我国经济增长的重要部分。随着全球经济一体化、贸易便利化以及信息科技普及化，在对外贸易中，国家（地区）间的新的商品交易模式——跨境电子商务诞生了。什么是跨境电子商务？它有哪些种类？我们应该如何了解它呢？下面我们就一起走入跨境电子商务。

【学习目标】

知识目标
1. 掌握跨境电子商务的含义。
2. 了解跨境电子商务的种类。

能力目标
1. 能说出狭义和广义的跨境电子商务。
2. 能区分不同种类的跨境电子商务模式。

1. 跨境电子商务的含义

（1）跨境电子商务的定义

跨境电子商务是指分属不同关境的交易主体，通过电子商务平台达成交易、进行支付结算，并通过跨境物流及异地仓储送达商品、完成交易的一种国际商业活动。

（2）跨境电子商务的狭义和广义之分

狭义的跨境电子商务相当于跨境零售。所谓跨境零售，是指分属于不同关境的交易主体，通过计算机网络完成交易，进行支付结算，并利用小包、快件等方式通过跨境物流将商品送达消费者手中的商业活动。

在国际上，跨境电子商务通常被称为"Cross-Border Electronic Commerce"，也就是所谓的跨境零售。从海关的角度来看，跨境电子商务通常说的就是通过互联网进行的小包裹买卖，消费者以C端买家为主。但是随着跨境电子商务的发展，跨境电子商务的消费者中也有一些碎片化的小额B端买家，在现实中很难界定这类小额B端商家和C端个人买家之间的界限，因此跨境零售通常会包含这一小部分小额B类商家的销售。

广义的跨境电子商务基本上是指外贸电商，即分属于不同关境的交易主体运用互联网手段将传统进出口贸易中的展示、洽谈、成交、支付、运输环节信息化，并通过跨境物流运送商品、完成交易的一种国际商业活动。

广义的电子商务主要体现在电子商务在国际贸易中的运用，是传统国际贸易流程的网络化、电子化和数字化。因此，在国际贸易中只要涉及电子商务的运用都可以纳入跨境电子商务的范畴。

（3）跨境电子商务与传统电子商务、一般对外贸易的区别

传统的电子商务，其交易买卖双方一般属于一个国家，即国内的卖家在线销售给国内的买家。而跨境电子商务是不同国别或关境地区间的买卖双方进行的交易，从业务模式上简单来看，多了国际物流、出入境清关、国际结算等业务。进口贸易商，从国外进口商品到本国，通过电商模式卖给国内消费者，算是跨境电子商务吗？严格来说，这不算跨境电子商务，因为其中虽然也牵涉到进口业务，但是其电商模式是在国内买卖双方之间进行的，并没有"跨境"，这只能算是进口商品电子商务。

一般对外贸易或者说我们常见的传统贸易与跨境电子商务有哪些区别呢？

一般对外贸易，首先是出口商根据与海外客商的谈判情况，选择相应生产商签订国内采购合同，然后与进口商签订贸易合同，随后经过批发、零售等环节，最终进入国外消费者手中。跨境电子商务就是砍断了传统外贸的相应的中间环节，两者的主要区别体现为以下几点。

第一，主体不一样。在一般对外贸易中，出口企业无非是运用电子商务手段推广、宣传自己及产品，从网上寻找外商求购信息等，故主体是信息流；而在跨境电子商务时代，人们要试图利用网络把商品直接销售给海外消费者，故主体是商品流。

第二，环节不一样。在一般对外贸易中，进出口的环节并没有任何缩短或改变，而跨境电子商务则要求尽量减少或缩短各个环节以尽量降低中间成本。

第三，交易方式不一样。在一般对外贸易中，交易都是在线下完成的，而跨境电子商务则大多在线上直接完成交易。

第四，税收不一样。一般对外贸易涉及复杂的关税、增值税及消费税等，而跨境电子商务面临的税收一般就要简单很多，如很多只涉及行邮税而已。

第五，模式不一样。一般对外贸易的基本模式是 B2B，而跨境电子商务的主流模式是 B2C。

因此，跨境电子商务不同于一般对外贸易，跨境电子商务体现的是一种与传统的一般对外贸易有极大不同的新型的运行模式，只不过广义的跨境电子商务包含了一般对外贸易。

2. 跨境电子商务的种类

跨境电子商务因为在运营上、模式上、税收上、交易环节等与传统电子商务和一般对外贸易的不同，所以在种类的划分上与传统电子商务和一般对外贸易也有很多不同的地方。一般较为常见的划分方式是从进出口方向上，我们将跨境电子商务分为出口跨境电子商务和进口跨境电子商务。此外，还可以从运营方式、面向对象进行种类的划分。

（1）根据进出口方向划分

根据进出境货物流向，跨境电子商务可分为出口跨境电子商务和进口跨境电子商务。

①跨境电子商务出口模式

跨境电子商务出口模式主要有外贸企业间的电子商务交易（B2B）、外贸企业对个人零售电子商务（B2C）与外贸个人对个人网络零售业务（C2C），并以外贸 B2B 和 B2C 为主。

②跨境电子商务进口模式

在跨境电子商务进口交易中，传统海淘模式是一种典型的 B2C 模式。所谓海淘是指国内的消费者在国外的 B2C 网站上购物，然后通过直邮或转运的方式将商品运送至国内的商务方式。除了最为传统的海淘模式，根据不同的业务形态，我们可以将进口零售类电子商务平台的运营模式分为海外代购模式、直发平台模式、自营 B2C 模式、导购返利模式、海外商品闪购模式等。

（2）根据运营方式划分

①第三方平台型

通过线上搭建商城，并整合物流、支付、运营等服务资源，吸引商家入驻，为其提供跨境电子商务交易服务。该模式下，将收取商家佣金以及增值服务佣金作为主要盈利模式。

代表企业：速卖通、敦煌网、环球资源、阿里巴巴国际站。

②自建自营型

通过线上搭建平台，平台方整合供应商资源，通过较低的进价采购商品，然后以较高的售价出售商品。主要将商品差价作为盈利模式，平台收取佣金。服务提供商提供"一站式"电商解决方案，涉及采购和配送环节。

代表企业：兰亭集势、米兰网、大龙网。

（3）根据产业终端划分

①面向企业端（B2B）

B2B 平台组织项的最终用户是企业或者集团的客户，针对企业的电子商务，通过互联网向企业提供产品、服务以及信息。B2B 平台跨境电子商务的市场交易，占跨境电子商务市场交易总规模的 90% 以上，处于跨境电子商务市场的主导地位。

②面向个人端（B2C）

产品和服务的主要受众是个人消费者，主要是以零售方式，将产品零售给消费者。由商家发布出售的产品和服务信息、价格等内容，个人买方进行筛选，最终通过平台达成交易、进行支付结算，并通过跨境物流完成交易。

③面向企业+个人（B2B+B2C）

产品和服务的受众对象既包括企业又包括个人，所以该平台提供的产品在数量上既有量级很大的情况，也有小额少量的情况。

【任务练习】

1. 跨境电子商务的定义是什么？广义和狭义上的区别是什么？
2. 跨境电子商务从不同维度上的区分方法不同，请你选择一个角度进行划分，并选择有代表性的企业制作 PPT 与大家分享。

任务二　跨境电子商务的特点

【任务导入】

跨境电子商务作为新兴的贸易方式，与传统电子商务及一般对外贸易有着很大的不同。因为互联网技术的发展，电子商务在很大程度上影响着人们的生活，跨境电子商务是不是传统电子商务与一般对外贸易的结合呢？它和传统外贸又有哪些不一样的地方呢？下面我们就来了解一下跨境电子商务的特点以及它的发展趋势。

【学习目标】

知识目标

1. 了解跨境电子商务与国内电子商务的差异点。
2. 了解跨境电子商务的发展趋势。

能力目标

1. 能说出跨境电子商务的主要特征。
2. 能说出跨境电子商务兴起的原因。

1. 跨境电子商务与国内电子商务的差异点

（1）交易主体属于不同的关境

跨境电子商务定义的第一句话就是"跨境电子商务分属不同关境的交易主体"。所谓的关境就是海关境界的简称，也叫作"关税国境"，是指执行统一海关法令的领土范围，是一个国家或地区行使海关主权的执法空间。一般而言，一国的关境与其国境（包括领陆、领水、领空）的范围是一致的，关境即国境。但是，也有一些国家和地区的关境与国境不同。

当两个或多个国家结成关税同盟后，形成同盟的共同关境。各成员国各自的关境将不再存在，关税同盟的关境即每一个成员国的关境。此时，各成员国的关境大于其国境。

在设有保税区、保税仓库、自由港、自由区等区域的国家，这些保税区、保税仓库、自由港、自由区等区域不属于该国的关境范围，这部分地区被称为"关境以外的本国领土"，此时，关境小于国境。

有关关境的法律条文一般在各国的海关法中予以载明。因为交易主体属于不同关境，因此在交易过程中，要考虑到不同国家（地区）的海关政策，与国内电子商务的不同就在于交易中需要通关流程。

（2）支付结算费用较高

跨境电子商务相对于国内传统电子商务而言，其支付体系较为不成熟。国内电子商务支付体系经过多年的发展，无论是支付方式的多样性，还是支付安全、支付信用等都较为成熟便利。网银支付、支付宝、微信等第三方支付方式，方便快捷、费用低且回款周期短。但跨境电子商务支付体系则需通过PayPal等国际支付工具支付，手续费高达交易金额的3%～5%甚至更高，存在汇率风险且回款周期可长达6个月，导致跨境电子商务卖家的资金压力较大。

同时由于跨境电子商务涉及对外贸易，因此在税费上和物流费用上相较于国内电子商务购物的成本会高一些。国际快递行业中，一般 20.5 kg 以下（含 20.5 kg）每 0.5 kg 为一个计费重量单位，不足 0.5 kg，按 0.5 kg 计算；20.5 kg 以上每 1.0 kg 为一个计费重量单位，不足 1.0 kg，按 1.0 kg 计算。不同的是国际快递不单单是以实重作为收费标准，同时会比较材积重，即当需寄递物品体积较大而实重较轻时，因运输工具（飞机、火车、船、汽车等）承载能力及能装载物品体积所限，将采用量取物品体积折算成重量的办法作为计算运费的重量。货物运输过程中计收运费的重量是按整批货物的实际重量和体积重量两者之中较高的计算。当需寄递物品实重大于材积时，运费计算方法为：

首重运费 +（重量 ×2 − 1）× 续重运费

例如，7 kg 货品按首重 20 元、续重 9 元计算，则运费总额为：

20 +（7 × 2 − 1）× 9 = 137（元）

当需寄递物品实际重量小而体积较大时，运费需按材积标准收取，然后按上述公式计算运费总额。求取材积公式如下：

规则物品：长（cm）× 宽（cm）× 高（cm）÷ 5000 = 重量（kg）

不规则物品：最长（cm）× 最宽（cm）× 最高（cm）÷ 5000 = 重量（kg）

此外，还需注意国际快件还会加上燃油附加费，比如敦豪（DHL）快递的燃油附加费为 12%。

（3）跨境物流时效性较低

随着国内电子商务的发展，中国的物流体系高度发达，比如京东就建有自有物流体系，绝大多数地区都可实现快递次日达甚至当日达。但跨境电子商务的物流时效往往在 15 天~30 天，主要的原因在于跨境电子商务在商品进口时要经历四个阶段。第一阶段，发货地所在国家（地区）物流体系。因为境外大多数国家的物流体系较为不完善，且物流成本较高，当你在选择购买跨境产品时，往往产品在发货地所在国家（地区）就需要很长时间，并且美国等国家双休日和节假日邮政物流是休息的。第二阶段，航空或者航海运输。受制于发货方式的原因，这期间无法查询到准确的物流信息，等待时间也无法准确把握。第三阶段，通关阶段。通关阶段一般需要一两天，如果遇到特殊情况或者未能通关，则需要更长时间。第四阶段，国内转运阶段。这一阶段与国内电商物流体系相似。

除了时间较长、物流成本较高外，物流还存在投递不稳定的问题，收货时间波动很大，甚至出现物流费用高于货物本身价值的情况。而且，由于国际物流的复杂性及部分国家的物流体系高度不发达的现状，国际快递丢失的情况也屡见不鲜。

2. 跨境电子商务兴起的原因

尽管跨境电子商务在今天仍有很多问题，但是相较于存在过度依赖传统销售、买家需求封闭、订单周期长、利润空间低等问题的传统外贸来说，跨境电子商务的发展有益于企业合理地布局商品的仓库、降低时间成本，而且处于不同国家或者地区的商家以及消费者可以通过互联网，实现其交易成本的最小化，从而达成交易。

（1）跨境电子商务提升运营效率

跨境电子商务作为基于互联网的运营模式，正在重塑中小企业国际贸易链条。跨境电子商务打破了传统外贸模式下国外渠道如进口商、批发商、分销商甚至零售商的垄断，使得企业可以直接面对个体批发商、零售商，甚至是直接的消费者，有效减少了贸易中间环节和商品流转成本，节省的中间环节成本为企业获利能力提升及消费者获得实惠提供了可能。

（2）跨境电子商务便于客户管理

外贸企业原始实行的经营方式多是业务员包揽从客户选择、签订合同、组织货源、验货报关到货款支付的全过程，掌握着客户资源。这一方面使企业无法掌握客户的状况，另一方面使业务员掌握着企业的生存及发展，一旦人才流失，企业竞争力就会急剧下降，不利于企业的长远发展。而跨境电子商务模式下，企业的信息化建设使每人每天的工作日程与行动记录都有据可查，所有细节均一目了然，使主动权更多地掌握在外贸企业手中。

（3）跨境电子商务降低交易成本

跨境电子商务模式下，企业可以更广泛地选择供应商、压低进货成本，进而保证进货质量。进出口具备中间环节少、价格低廉和利润率高等优点，还呈现出良好的发展势头。跨境电子商务主要有着零售为主、金额小、体积小、频率高的普遍特点，而且信息备案可查，便于政府层面的监管。

跨境电子商务进一步推动了生产和服务全球化，使得供应商和用户之间的关系更紧密，通过跨境电子商务，企业可以向用户提供全天候的产品和服务信息，大大增加了贸易机会，而用户也可以在全球范围内选择最适合的供应商，有利于打破国际贸易间有形或无形的壁垒。

（4）跨境电子商务有利于减轻外贸企业对基础建设的依赖

传统企业开展国际贸易，一定会对基础设施建设的要求很高，例如豪华的办公大楼、仓库的建设以及其设施设备采购、人员管理等。而在跨境电子商务模式下，由于互联网是一个没有边界的媒介体，因此互联网的发展使数字化产品和服务的传输盛行。很多中小企业可以摆脱库存基建等实体设施的束缚，享受真正意义上的"零库存"，直接在接到客户订单后再向生产企业订货，这让更多的中小企业愿意加入到跨境电子商务的大军中来。

3. 跨境电子商务的发展趋势

（1）国家政策及监管体系的发展

跨境电子商务承载着我国外贸转型升级的使命，近年来得到国家的大力推动，频繁出台利好政策力挺跨境电子商务的发展。从2013年开始，海关总署、国家质检总局（2018年3月，归入国家市场监督管理总局）、财政部、国家外汇管理局四大部门联合对跨境电子商务进行监管和指导。国家对跨境电子商务大力进行政策指引，支持力度不断加大，从多个方面全面鼓励产业发展。2013年4月15日，国家发展改革委在《关于进一步促进电子商务健康快速发展有关工作的通知》中指出要进一步促进电子商务健康快速发展，继续加快完善支持电子商务创新发展的法规政策环境。2013年8月21日，国务院办公厅转发商务部等部门《关于实施支持跨境电子商务零售出口有关政策的意见》，其中明确了电子商务出口经营主体的类型，提出建立电子商务出口新型海关监管模式并进行专项统计。2015年6月20日，国务院办公厅印发《关于促进跨境电子商务健康快速发展的指导意见》，再次明确了跨境电子商务的主要发展目标，提出要培育一批公共平台、外贸综合服务企业和自建平台，鼓励国内企业与境外电子商务企业合作，并从多个方面提供了政策支持。2016年4月6日，海关总署公布《关于跨境电子商务零售进出口商品有关监管事宜的公告》，对零售进出口商品交易的通关流程、税收征管、物流监控、退货管理等方面做出了明确规定。

（2）跨境电子商务综合试验区的不断建立

2015年3月7日，国务院同意设立中国（杭州）跨境电子商务综合试验区。该试验区线上的"单一窗口"平台"一站式"对接海关、商检、国税、外管等监管部门，线下的"综合园区"平台线性试点下城园区、下沙园区、空港园区，未来将会形成"一区多园"的格局。2016年1月6日，国务院常务会议决定，在宁波、天津、上海、重庆、合肥、郑州、广州、成都、大连、青岛、深圳、苏州12个城市新设一批跨境电子商务综合试验区。2018年7月24日，国务院同意在北京市、呼和浩特市、沈阳市、长春市、哈尔滨市、南京市、南昌市、武汉市、长沙市、南宁市、海口市、贵阳市、昆明市、西安市、兰州市、厦门市、唐山市、无锡市、威海市、珠海市、东莞市、义乌市22个城市设立跨境电子商务综合试验区，用新模式为外贸发展提供新支撑。跨境电子商务综合试验区的设立在跨境电子商务交易、支付、物流、通关、退税、结汇等环节的技术标准、业务流程、监管模式和信息化建设等方面先行先试，通过制度创新、管理创新、服务创新和协同发展，破解跨境电子商务发展中的深层次矛盾和体制性难题，打造跨境电子商务完整的产业链和生态链，逐步形成一套适应和引领全球跨境电子商务发展的管理制度和规则，为推动中国跨境电子商务健康发展提供可复制、可推广的经验。

（3）跨境电子商务继续保持高速增长

从进口方面来看，随着巴西、俄罗斯等新兴市场的不断加入，再加上互联网技术的发展、基础设施的不断完善，以及不断开放的政策，将进一步拓展中国进口电子商务的发展空间。统计显示，随着人均购买力的不断增强、国际物流水平的提高、网络支付的改善以及政策红利的支持，未来中国跨境电子商务将仍然保持在30%的高年增长率。

从出口方面来看，跨境电子商务的出口卖家的地域范围从广东、江苏、浙江等地区向中西部拓展，商品品类也由3C等低毛利率标准品向居家园艺、户外用品、汽配、服装、健康美容等新品类扩展。这些都将为中国出口电子商务的发展提供新的空间。

（4）B2C模式将获得迅速发展

在未来的发展中，跨境电子商务B2C模式的市场规模将不断扩大，到2020年，全球跨境电子商务B2C的营业额将达到1万亿美元，年增长率达27%，全球跨境电子商务B2C的消费者人数的年均增长率将超过21%，总数将超过9亿人。而中国将成为全球最大的跨境B2C消费市场，跨境B2C的消费者将超过2亿人。跨境B2C电子商务将促使消费品进口额的年均增速超过4%。

（5）进口贸易保税模式潜力巨大

随着中国进出口税收体系的不断完善以及进口物流环节的持续升级，进口电子商务将向着满足更多消费者需求的方向发展。目前，跨境进口电子商务占比为14%，余下的86%全部是跨境出口。目前国内进口商的集货模式主要有海外直邮、集货直邮和保税三种模式。海外直邮是指商家在消费者下单之后通过物流公司一单一单发回国内；集货直邮则是商家在接到订单之后将货物集中存放在海外的集货仓，达到一定包裹量之后再统一发回国内。这两种模式成本较高，效率也较低，消费者从下单到收货一般历时30天~40天。而保税模式则是商家通过大数据分析提前将热卖商品屯放在国内的保税区，消费者下单之后，直接从保税区发货，一方面节省商家的物流成本，另一方面物流速度几乎与国内订单无异。

（6）产业生态更为完善

跨境电子商务涵盖实物流、信息流、资金流、单证流，随着跨境电子商务的不断发展，软件公司、代运营公司、在线支付、物流公司等配套企业都开始围绕跨境电子商务企业进行集聚，服务内容涵盖网店装修、图片翻译描述、网站运营、营销、物流、退换货、金融服务、质检、保险等内容，整个行业生态体系越来越健全，分工更清晰，并逐渐呈现出生态化的特征。目前，我国跨境电子商务服务业已经初具规模，有力地推动了跨境电子商务行业的快速发展。

为适应跨境电子商务的需求，兼顾成本、速度、安全，甚至包含更多售后内容的物流服务产品应运而生，大量提供一体化服务的物流整合商也开始出现，如以海外仓储为核心的跨境电子商务全程物流服务商已经出现，第四方、出口贸易等都强化了对物流和供应链的整合，而通过对不同卖家需求的不同货运方式进行组合，配送时间已经大大缩短；此外，海外仓储建设的逐步完善还将提升卖家在国际贸易中的竞争地位。在金融方面，国家外汇管理局向国内17家第三方支付机构授予了跨境电子商务外汇支付业务试点牌照，使得支付结算方式更加多元化，推动了跨境电子商务的发展。针对交易过程，跨境电商平台eBay与太平洋保险、中银保险针对平台卖家推出跨境交易保险产品。除此之外，代运营服务、营销服务等公司也大量涌现，促使跨境电子商务行业的产业系统更为完善，配套服务设施更为健全。

【任务练习】

1. 从消费者角度来看，跨境电子商务与传统电子商务有哪些区别？
2. 跨境电子商务与一般贸易有哪些根本性的区别？
3. 跨境电子商务兴起的原因是什么？它的发展趋势如何？

任务三　常见的跨境电子商务平台

【任务导入】

说到跨境电子商务平台，大部分人最先想到的就是亚马逊、eBay、速卖通、Wish目前四大主流的平台。近几年阿里的天猫国际、京东全球购与全球售、网易考拉海购、小红书、洋码头、跨境通等如雨后春笋般出现，这些平台有什么特点呢？我们又应该如何区分这些平台、认识这些平台呢？接下来，我们就从跨境出口和跨境进口两个方面来学习跨境电子商务平台。

【学习目标】

知识目标

1. 认识常见的跨境出口电子商务平台。
2. 认识常见的跨境进口电子商务平台。

能力目标

1. 能说出跨境出口电子商务平台和跨境进口电子商务平台的基本流程。
2. 能说出常见的跨境电子商务平台。

1. 跨境出口、跨境进口电子商务平台的基本流程

在跨境电子商务中，跨境出口电子商务平台的贸易额占比超过 80%，而跨境进口电子商务平台的占比则不到 20%。随着我国跨境电子商务的不断完善、相关环节的进一步发展，未来跨境电子商务仍然有着巨大的发展潜能。

一般情况下，我们将跨境电子商务分为进口和出口两类。尽管从细类上区分，每一个跨境电子商务平台的模式和运营流程都有所不同，但基本上跨境出口电子商务平台的主要流程如下图 1.1 所示。

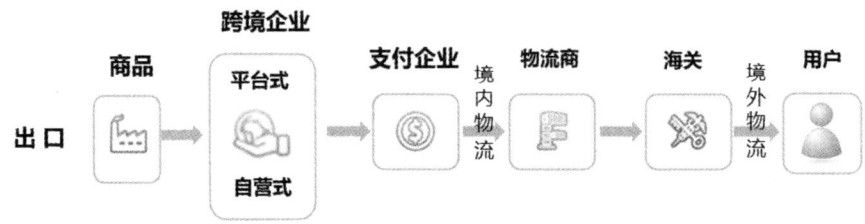

图 1.1 跨境出口电子商务平台主要流程

跨境进口电子商务平台尽管货源渠道不同，但是其基本运营流程大都相似，如图 1.2 所示。

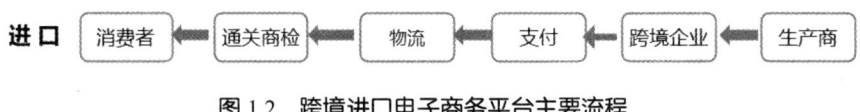

图 1.2 跨境进口电子商务平台主要流程

2. 常见的跨境出口电子商务平台

（1）亚马逊平台

亚马逊公司（英文名为 Amazon，简称亚马逊），是美国最大的一家网络电子商务公司，位于华盛顿州的西雅图，是网络上最早开始经营电子商务的公司之一，也是世界上规模最大的电子商务公司。美国时间 2018 年 9 月 4 日，亚马逊股价突破每股 2050.27 美元，市值超过 1 万亿美元。

亚马逊中国作为全球领先的电子商务网站，为消费者提供了 32 个大类、上千万种产品。2014 年 10 月 30 日，亚马逊美国、德国、西班牙、法国和意大利开通直邮中国服务。此外，亚马逊"海外购"服务开始试运行。

和别的电子商务平台不同，亚马逊平台没有任何拍卖模式服务，产品只能以定价方式销售。个人和企业都可以在其平台上开店，而且允许卖家销售二手产品。对中国卖家而言，在亚马逊上注册卖家账号主要有自注册和全球开店两种模式。

自注册是直接通过亚马逊对应站点开店,通过 Sell on Amazon 的相关网页完成注册。自注册比较简单,有 VISA 或者 MasterCard 信用卡即可注册。但是,销售数量有限制,卖家每月销售不能超过 50 单,超过需要交税。

全球开店是亚马逊根据发展需要针对中国卖家群体推出的一项计划。卖家可以用中国公司(包括内地和香港的公司)、新加坡公司来进行申请注册。在申请阶段,由亚马逊中国招商团队的专门客服对接指导,协助完成账号申请和前期的基本操作。

(2) 速卖通平台

速卖通(英文名为 AliExpress)正式上线于 2010 年 4 月,是阿里巴巴旗下唯一面向全球市场打造的在线交易平台,被广大卖家称为"国际版淘宝"。速卖通面向海外买家,通过支付宝国际账户进行担保交易,并使用国际快递发货,是全球第三大英文在线购物网站。速卖通是我国最大的出口 B2C 电子商务平台,覆盖全球 230 多个国家和地区,主要交易市场为俄、美、西、巴、法等国。截至 2018 年 8 月,速卖通海外成交买家数量突破 1 亿,海外装机量超过 3 亿,入围全球应用榜单前十名。

速卖通是阿里巴巴为帮助中小企业接触终端批发零售商、小批量多批次快速销售、拓展利润空间而全力打造的融合订单、支付、物流于一体的外贸在线交易平台。速卖通在阿里巴巴体系的保障下,利用阿里巴巴成熟的电子商务体系,为中国卖家提供对外贸易的全流程服务,帮助中国卖家更加精准地寻找到海外客户。

(3) 敦煌网平台

敦煌网成立于 2004 年,是中国第一个 B2B 跨境电子商务平台,致力于帮助中国中小企业通过跨境电子商务平台走向全球市场。敦煌网首席执行官(CEO)王树彤是中国最早的电子商务参与者之一,曾在 1999 年参与创立卓越网并出任第一任 CEO。敦煌网开创了"为成功付费"的在线交易模式,采取佣金制,免注册费,只在买卖双方交易成功后收取费用。敦煌网一直致力于帮助中国中小企业通过跨境电子商务平台走向全球市场,开辟一条全新的国际贸易通道,让在线交易不断变得更加简单、更加安全、更加高效。如今敦煌网上已有 2000 多个产业带、1300 万个商品、190 万供应商与全球 222 个国家和地区的 1900 万中小微零售商在线交易,在品牌、技术、运营、用户四个方面具有巨大优势。

敦煌网采用 EDM 的营销模式,低成本、高效率地扩展海外市场,自建 EDMSYS 平台,为海外用户提供了高质量的商品信息,用户可以自由订阅英文 DM 商品信息,第一时间了解市场最新供应情况。在敦煌网上交易的客户,大多是零售商和小批发商,主打外贸生意。他们在敦煌网上下订单,通过 PayPal 账户结算。这些单子的金额都不大,几百美元或者几千美元。敦煌网通过向买家收取交易提成盈利。卖家在平台可以享受免注册费、免费认证、免产品登录费、免产品展示费等低成本服务,买家付款后,卖家就可以通过快递的方式将产品送到买家手中。

（4）Wish 平台

Wish 成立于 2011 年 12 月，总部位于美国硅谷，是一家移动 B2C 跨境电子商务平台。这匹从移动端突围的黑马，用 2 年多的时间便创造了超过 1 亿美金的平台交易额。Wish 根据用户喜好，通过精确的算法推荐技术，将商品信息推送给感兴趣的移动用户。Wish 开启了手机端购物的新境界，瀑布流推送的特点让 Wish 商户在运营技巧的掌握上需要开辟另一种视野。短短 2 年的时间，Wish 已经成功抢占了 95% 的移动端用户，这个数据足以让亚马逊、eBay、速卖通等跨境出口巨头震惊。

Wish 的成功在于其抓住了移动电子商务发展的红利期，通过大数据算法了解用户偏好，并据此推荐相关商品给用户，为了让消费者尽可能快地消费，Wish 淡化了品类浏览和搜索，去掉了促销，专注于关联推荐。Wish 会随时跟踪用户的浏览轨迹以及使用习惯，以了解用户的偏好，进而推荐相应的商品给用户。这样，不同用户在 Wish APP 上看到的界面是不一样的，同一用户在不同时间看到的界面也是不一样的。Wish 通过智能化推荐技术，与用户保持一种无形的互动，从而极大地增加了用户黏性。

3. 常见的跨境进口电子商务平台

目前，我国的跨境进口市场尚未成熟，尤其是 2016 年"48 新政"之后，由于受到国际经济形势变化的影响，加上市场不稳定，到了 2018 年，跨境电商进口企业已经迎来多轮市场洗牌。在这个过程中，有的企业倒闭，有的则转型成为供应链企业，为其他平台服务。但不少实力尚可的企业，紧跟跨境市场的变化发展，通过建立海外采购渠道、报税仓、完善仓储物流链等措施继续发展，其中天猫国际、洋码头、网易考拉较有代表性。

（1）天猫国际

天猫国际是阿里巴巴集团在 2014 年 2 月 19 日上线的主要为国内消费者直供海外原装进口商品的购物平台。入驻天猫国际的商家均为中国大陆以外的公司，具有海外零售资质；销售的商品均原产于或销售于海外，通过国际物流经中国海关正规入关。所有天猫国际入驻商家将为其店铺配备旺旺中文咨询，并提供国内的售后服务，消费者可以像在淘宝购物一样使用支付宝买到海外进口商品。而在物流方面，天猫国际要求商家 120 小时内完成发货，14 个工作日内到达，并保证物流信息全程可追踪。梅西百货、香港第二大化妆品集团卓悦网、台湾最大电视购物频道东森严选等海淘平台陆续在天猫开设海外旗舰店。

目前天猫国际覆盖国家（地区）63 个，覆盖的品类超过 3700 类，引进品牌超过 14500 个，其中八成以上是第一次进入中国。品质的升级、身份的蜕变以及体验的新颖化使得天猫国际愈发受到消费者的青睐，尤其是依托于阿里巴巴体系，天猫国际逐渐拥有了跨境进口电子商务平台的领先地位。

（2）洋码头

洋码头成立于2009年，是我国较早出现的海外购物平台，满足了中国消费者不出国门就能购买到全球商品的需求。洋码头APP内拥有首创的"扫货直播"频道；而另一特色频道"聚洋货"，则汇集全球各地知名品牌供应商，提供团购项目，认证商家一站式购物，保证海外商品现货库存，全球物流护航直邮。

为保证海外商品能安全、快速地运送到中国消费者手上，洋码头自建立以来就打造跨境物流体系——贝海国际。目前，洋码头全球化布局已经完成，在海外建成纽约、洛杉矶、旧金山等十大国际物流仓储中心，并且与多家国际航空公司合作实施国际航班包机运输，每周40多驾全球班次入境，大大缩短了国内用户收到国际包裹的时间。

2013年12月，洋码头"扫货直播"首创的海外卖场扫货场景式购物模式，让国内消费者体验到真实的海外现场血拼。目前有数万名分布于美国、澳大利亚、日、韩等全球20多个国家的海外认证买手。这种同步的海外购物C2C模式，买手实时发布商品和直播信息，消费者如有兴趣可直接付定金购买。这种模式提升了消费者的现场体验，增强了消费者购物的参与度和紧迫感。

洋码头APP的"社区"频道会定期推出专题，传递最新的流行时尚资讯；更有来自全球各地爱秀爱美的用户，实时晒出扫货战利品，分享其购物心情和攻略。在这里，用户可以即时刷新海外的"新奇特"，找到志同道合的朋友，享受海外购物的乐趣。同时，在社区中也活跃着一批达人，他们定期分享自己在穿衣搭配、美妆护肤等方面的心得，并推荐相关海外商品；如果有更多疑问，用户还可以通过评论与达人互动。分享与互动，不仅激起大家对海外商品的兴趣，也提升了用户对洋码头的黏着度。

（3）网易考拉

网易考拉是网易旗下以跨境业务为主的综合型电商，诞生于2015年1月，主打自营直采的理念，在美国、德国、意大利、日本、韩国、澳大利亚、中国香港、中国台湾设有分公司或办事处。销售品类涵盖母婴、美容彩妆、家居生活、营养保健、环球美食、服饰箱包、数码家电等。网易考拉以100%正品、天天低价、7天无忧退货、快捷配送、提供海量海外商品购买渠道著称，深入产品原产地直采高品质、适合中国市场的商品，从源头杜绝假货，在保障商品品质的同时省去诸多中间环节，直接从原产地运抵国内，在海关和国检的监控下，储存在保税区仓库。

网易考拉海购拥有行业第一的保税仓储面积。在杭州、郑州、宁波、重庆四个保税区的面积超过15万平方米。在海外，网易考拉海购初步在美国、中国香港建成两大国际物流仓储中心。通过保税的模式，既可以实现合法合规，又能降低成本，实现快速发货，所以能够给跨境电子商务用的保税仓是稀缺资源。

对于海外厂商，网易考拉海购能够提供跨国物流仓储、跨境支付、供应链金融、线上运营、品牌推广等一整套完整的保姆式服务，解决海外商家进入中国的障碍，解决他们独自开拓中国市场面临的语言、文化差异、运输等问题。

【任务练习】

1. 说说跨境进出口的流程和不同。
2. 找出书中列举的跨境进出口平台的异同点进行比较。
3. 除了书中列举的跨境进出口平台之外，还有哪些常见的进出口平台，请大家举例并制作 PPT 在课堂上进行分享。

任务四　跨境电子商务人才的需求分析

【任务导入】

跨境电子商务飞速的发展，引来了人才岗位的重新洗牌，目前跨境电子商务对人才的需求量巨大，但同时面临着企业需求与人才培养不匹配的问题。目前做跨境电子商务的人才主要还是来自传统外贸行业转型，同时英语专业居多，一些小语种电子商务人才匮乏。但事实上，很多发展中国家如巴西、印度、俄罗斯等，其跨境电子商务具有很大的发展潜力，也是跨境电子商务企业关注的重点。那么一家跨境电子商务公司需要哪些人才呢？又有哪些岗位需求呢？每一个岗位对应的岗位职责又有哪些呢？下面我们一起来了解一下跨境电子商务对人才的需求。

【学习目标】

知识目标

1. 了解跨境电子商务对人才的基本要求。
2. 了解跨境电子商务的工作岗位及要求。

能力目标

1. 能区分不同工作岗位的跨境电子商务工作。
2. 能根据不同工作岗位说出其工作要求。

1. 跨境电子商务对人才的基本要求

跨境电子商务是一门交叉性学科，既有国际贸易的特点，又有电子商务的特点，单一的专业无法满足企业对人才的需求，企业需要兼具国际贸易和电子商务特征的综合性人才。中国跨境电子商务相对领域的人才缺口据不完全统计有450万，主要稀缺岗位是具体业务岗位，其次是技术岗位、管理岗位等。具有一定技巧和实战训练的人才，尤其是互联网营销、电子商务技术、电子商务管理类人才缺口较大。

跨境电子商务外部环境复杂，不同国家、不同行业所对应的政策规则不同，总体呈现出"需求多样、链条冗长、匹配复杂"的特点。在这样的背景下，综合性人才成为企业推动跨境电子商务发展的关键。

综合性人才主要是指掌握跨境电子商务运营技能、具备跨境电子商务平台实操能力的人。对于传统企业而言，掌握了跨境电子商务运营技能的人才意味着跨境电子商务可以进入实操阶段了。具体来说，跨境电子商务人才需要拥有以下能力。

① 英语或小语种的交流能力

亚马逊、eBay等主流跨境电子商务平台以欧美发达国家为主要市场，跨境电子商务企业需要通过英语与用户进行沟通交流。速卖通以俄罗斯、巴西等发展中国家为主要市场，近几年发展迅猛，跨境电子商务企业对俄语、西班牙语、意大利语、阿拉伯语等小语种人才的需求急剧增加。

② 了解海外目标用户的消费理念及文化

由于文化习俗、需求偏好不同，国内外用户差别巨大，跨境电子商务企业要对国外情况了如指掌，熟悉目标国相关行业的商品属性、成本、价格等情况。

③ 了解相关国家知识产权和法律知识

据统计，60%以上的跨境电子商务企业遇到过知识产权纠纷，涉及商标、图片、专利等多种载体。跨境电子商务企业需要了解各类电子商务的相关法律，拥有应对大多数纠纷的能力。

④ 熟悉各大跨境电子商务平台的运营规则

不同的跨境电子商务平台，拥有差异极大的跨境电子商务规则，企业必须熟练掌握各个运营规则，拥有针对不同需求和业务模式的平台的运营技能。

2. 跨境电子商务人才的职业素养

从事跨境电子商务行业，要具备多项综合能力，能够适应跨境电子商务的国家战略、发展趋势和行业需求，具有国际化视野和跨文化交际意识，具有用商务英语进行沟通、谈判和处理网店事务的能力，熟悉国际贸易和跨境电子商务交易的基本流程，了解跨境电子商务平台、国际产权和国际物流知识，具备跨境电子商务平台操作、客户开发和维护、询盘和订单处理、网络营销和推广等能力。

（1）职业素质要求

具有正确的世界观、人生观、价值观、道德观和法制观，能正确地分析和认识现实问题；具备稳固的跨境贸易电子商务专业知识和业务技能；具备诚实守信、吃苦耐劳、积极进取、敬业爱岗的工作态度；具备良好的人际交往能力、团队合作精神和客户服务意识；能严格遵守岗位操作规范；具有正确的就业观和创业意识；具备敢于创新、勇于探索的精神；具有较强的语言文字应用能力，能清晰地进行信息、思想、感情的传递、表达和交流；具有较强的心理承受能力和社会适应能力。

（2）职业能力要求

① 职业通用能力

在跨境电子商务各种情况下熟练的商务英语沟通能力，熟悉国际贸易知识和流程，拥有跨文化意识和交际能力，基本办公软件（Office、Photoshop等）熟练应用能力，熟悉国际贸易地理、国际船务航线和国际快递知识并熟练应用。

② 职业专门能力

熟悉各种跨境电子商务平台的定位和各自的经营模式；网店选品和定价能力；图片处理能力；产品上传和网页优化能力；物流公司沟通、物流模式熟悉和物流定价能力；国际知识产权、商标、专利以及风险识别、侵权等处理能力；熟练应用站内外推广工具能力；国际船务和国际货运代理沟通和业务处理能力；国际会展策划、组织、接待和协调能力；跨境电子商务网页设计能力；移动跨境电子商务内容设计、开发能力。

③ 职业综合能力

利用各种工具和平台进行有效客户开发、维护和管理能力；根据具体平台和店铺采取有效站内外和全网营销、推广能力；店铺询盘、订单、物流综合管理能力；跨境电子商务创业意识和创业项目可行性分析能力。

3. 跨境电子商务平台岗位细则

一般情况下，一个跨境电子商务平台的运营需要三个部门，分别是运营部、产品部、市场部。根据不同平台、不同产品，具体的岗位细分也会略有不同，但是基本的要求如下所述。

（1）运营部

运营部的组织架构如图 1.3 所示，岗位要求及职能如表 1.1 所示。

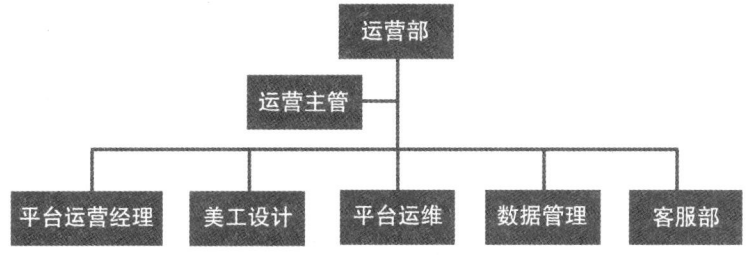

图 1.3　跨境电子商务平台运营部组织架构

表 1.1　跨境电子商务平台运营部岗位要求及职能

岗位	岗位基本要求	岗位职能
运营主管	本科以上学历，具备 3 年以上互联网、电子商务运营管理工作经验； 熟悉电子商务的运作模式和特点，按市场实际需求和特点拟订相关运营方案； 熟悉物流行业，对行业发展和趋势有敏锐的洞察力、分析判断和创新能力，有强烈的事业心，勇于开拓创新，积极进取	根据公司经营战略，负责电子商务平台的规划、搭建，确定运营方案，制定中、长期发展规划； 负责平台运营团队的全面管理工作，加强团队建设，优化业务流程，提升部门工作效率； 负责电子商务平台的媒介合作，制定商务合作方案并监督实施； 制订电子商务平台的推广计划、目标，实施评估与监控； 掌握并预测行情变化，提出电子商务运营可行性调整方案； 制定电子商务销售目标，并对目标负责； 其他电子商务平台经营管理相关事项
平台运营经理	大专及以上学历，拥有两年以上第三方电子商务平台运营管理经验，熟悉平台商家后台操作； 精通电商平台的付费推广方式，在推广策略制定上有全局意识； 良好的沟通能力及团队协作能力，思维敏捷，勇于创新，富有责任心、学习能力强	负责公司第三方电子商务平台整体运营及日常管理工作； 根据公司事业部发展战略，制定平台的营销策划方案； 负责将经营目标细化为月、周、日，并带领团队实现各周期经营目标； 负责店铺和产品的宣传、推广，策划并组织店铺促销活动； 定期对店铺经营情况进行统计分析，及时提出营销和改进方案

续表

岗位	岗位基本要求	岗位职能
美工设计	美术、设计相关专业的本科及以上学历； 具有一定的电子商务美工设计经验，熟练运用PS、AI等设计软件； 具备一定的设计理念和创意思维，有良好的审美能力及色彩感觉； 具备基本的英语阅读能力； 有良好的职业素养、敬业精神及团队精神，责任心强，学习能力强，擅于沟通； 具有天猫、京东、一号店等平台的独立（或带队）设计案例者优先考虑	负责公司各商城店铺的整体形象设计、制作，包括界面的风格、色彩、布局； 负责产品图片的制作与处理、美化，结合产品设计有创意的图片； 配合营销活动，制作活动专题页片和广告宣传海报设计； 负责公司整体视觉设计，包括官网、公司VI、宣传图册、视频； 公司其他与设计相关的工作
平台运维	计算机及相关专业大专以上学历； 1年以上ERP系统的实施与维护经验，熟悉ERP系统的流程，理解ERP的原理； 至少熟悉ORACLE、SQL Server中的一种数据库的安装、配置、管理，熟悉SQL语言； 至少熟悉LIUNX、UNIX、AIX中的一种操作系统的安装、配置、维护、优化及故障处理； 较强的逻辑思维能力，对工作流程善于思考并具备较强语言表达能力，具有撰写技术文档、技术方案的能力； 良好的沟通能力和团队精神，具有较强服务意识，工作细致、认真，有责任心，具有计划与执行能力，能承受工作压力	负责公司应用系统安全维护、日常巡检、监控分析、备份及升级等工作； 负责公司软硬件需求的收集、整理及评估，并给出解决方案； 对公司业务系统中新增功能进行操作测试并发布； 对系统涉及的公司相关人员进行培训； 具备计算机硬件和软件维护能力，能够及时排除硬件和软件故障； 参与公司信息化建设项目，包括需求调研、方案整理、业务流程梳理等工作
数据管理	大专及以上学历，应用数学、统计学、数理统计或数据挖掘专业方向； 熟练掌握各种常用数据分析方法和分析模型； 对数字敏感，具备良好的逻辑思维能力、沟通能力和团队合作精神； 具备较强的沟通能力及学习能力	从事数据搜集、整理、分析，并依据数据做出研究、评估和预测； 对运营数据进行分析、整理、深度挖掘，形成相关数据报表； 熟悉运营流程，通过数据分析对流程提供优化解决方案； 撰写数据分析报告，为运营决策提供数据支持
客服部	大专以上学历，至少1年以上销售或客服工作经验，有同行业销售经验者优先考虑； 具有良好的团队合作精神； 具有良好的客户服务意识、职业操守及沟通表达能力； 熟练使用Office办公软件； 有认真负责的工作态度，能独立自主地完成自己的本职工作	通过在线聊天工具为顾客解答问题、回复咨询，引导顾客促成销售； 订单确认处理、跟踪以及客户在订单过程中的疑问解答； 客户投诉处理，客户回访、退换货处理，客户满意度调查等，做好售后服务工作； 协助完成商品上下架及商品信息维护，协调库房发货； 贯彻执行公司销售规定和实施细则，积极完成公司或部门的销售目标

（2）产品部

产品部的组织架构如图1.4所示，岗位要求及职能如表1.2所示。

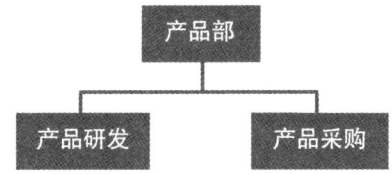

图1.4　跨境电子商务平台产品部组织架构

表1.2　跨境电子商务平台产品部岗位要求及职能

岗位	岗位基本要求	岗位职能
产品研发	本科及以上学历，2年以上互联网产品管理和策划经验； 有较强的逻辑思维能力，对市场有敏锐的洞察能力和分析能力，善于挖掘和提炼客户需求； 熟练掌握互联网产品用户体验相关工作方法，具备用户研究、需求分析、可用性评估等能力； 有丰富的与美工/技术开发人员合作的经验，能整体把控所负责产品线的项目工作； 较好的口头沟通和文字沟通能力，可以很好地领会各部门的工作需求和反馈，准确表达和传递自己的观察及研究结果； 有相关产品研发管理经验者优先考虑	负责掌握市场变化趋势，理顺市场需求，分析竞争对手的产品情况，做出市场需求报告； 对产品特性进行深入研究，策划产品详情页； 负责产品质量的管控、新产品试产的跟踪和订货清单的跟踪工作； 负责协调完成产品包装的设计、制作和包裹包装相关的物料采购工作，收集市场、售后服务、产品销售过程的问题点，形成问题报告，提交运营管理部门，协助运营完成各项活动运营方案
产品采购	本科及以上学历，英语读写流利，商务信函写作熟练，有一定的口语能力； 有超市或电子商务的从业背景，3年以上从事采购等经理岗工作经验，有相关商品采购经验者优先考虑； 熟悉招标和采购流程，熟悉供应商评估、考核，熟悉相关质量体系标准； 对市场有较强的判断能力和把握产品价格的能力，善于控制采购成本，对商品了解的敏感度要高	定期进行市场调查，开拓渠道，进行供应商评估，选择合格供应商； 维护公司的利益，在有关价格调整或其他有利情况下，提出合理化进货建议； 合理安排产品库存，维持一定的库存周转； 负责采购合同的执行、跟踪及采购文档资料归档管理

（3）市场部

市场部的组织架构如图1.5所示，岗位要求及职能如表1.3所示。

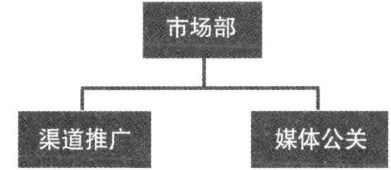

图1.5　跨境电子商务平台市场部组织架构

表1.3 跨境电子商务平台市场部岗位要求及职能

岗位	岗位基本要求	岗位职能
渠道推广	本科及以上学历，电子商务或市场营销相关专业； 了解公司产品的推广特性，能根据产品的特点找到更适合的推广手段及推广方法； 良好的统筹、分析、归纳能力和严谨的逻辑思维能力； 有相关产品或相关领域工作经验者优先； 1年以上快消品线上推广经验，对第三方电子商务平台非常熟悉，有丰富的渠道推广资源和人脉关系	负责公司渠道队伍建设、团队日常管理、指导、培训及评估； 按公司要求制定、执行渠道策略和完成销售目标； 建立渠道销售流程、运作和管理规范； 带领团队开发和管理新的渠道合作； 组织联合行动或促销行动，推动渠道销售与渠道合作者关系； 根据需求，形成销售情况做分析报告和市场动态反馈，提交运营管理部门
媒体公关	专科及以上学历，公关、企划、品牌管理等相关专业，熟悉互联网电子商务行业的运营模式者优先； 1年以上市场与品牌策划、宣传推广、媒体公关等相关工作经验； 熟悉网络广告，熟悉传统媒体，熟悉搜索引擎等推广工作； 对互联网产品有敏锐的感知，对网络推广工作有深刻认知，有良好的媒体平台关系； 正直、坦诚、成熟、豁达、自信，高度的工作热情，良好的团队合作精神，优秀的沟通、协调、组织与开拓能力，较强的观察力和应变能力	负责公司品牌的对外公关、推广宣传、活动策划、校企合作等品牌推广方案的制订及落地实施； 根据公司的整体经营计划方案，参与公司经营战略决策，提出市场数据分析结果导向； 定期组织市场调研，收集市场信息，掌握市场动向、市场竞争动态、发展状况趋势，及时汇报情况，并制定有效、针对性强的相关策略； 管理维护客户关系以及客户间的长期战略合作计划； 根据市场及产品特性需求，组织活动策划、文化活动等事宜，以提升企业品牌形象

【任务练习】

1. 在招聘网站搜索五个跨境电子商务类岗位人员招聘启事，用图表归纳总结各个公司的要求。

2. 你认为跨境电子商务最重要的核心能力是什么？并说明理由。

项目二　跨境电子商务平台——以速卖通为例

项目概述

本项目以速卖通为例,系统介绍速卖通平台的发展历程和商业模式。通过深入浅出地讲解速卖通平台账号开通的流程、商品发布的规则和商品交易的规则三方面的内容,让大家对跨境电子商务平台的基本情况有一定的认知,并在此基础上进行学习和实践。

案例思考

速卖通的"双十一"

"双十一"已经成为电子商务行业的最重要的营销节点,不仅国内传统电子商务平台在这一天风生水起,"速卖通"等跨境电子商务平台也不甘落后。速卖通最早于2014年开始"双十一"之路。与国内"双十一"不同的是,国内"双十一"是从北京时间11月11日0点0分0秒开始,而速卖通面对的是国际买家,各个地区有时差。过去速卖通都是以美国西部时间开始,这意味着地球上一半的国家和地区的"双十一"已经过去了20%,20%~30%的用户错过了"双十一"的最佳时间。因此2018年速卖通的"双十一"是从全球第一个迎接曙光的地方——悉尼启动,按照悉尼时间11月11日0点正式开卖,为了能够覆盖全球所有时区,速卖通的"双十一"从一天扩展至两天,直至11月12日23:59分结束,每个时区都能体验到"双十一"狂欢。

从2014年开始,速卖通第一次参加"双十一",这次试水订单量超过680万。到了2015年,这个数字达到了2124万,翻了3倍多,覆盖了214个国家和地区。2016年,速卖通以3578万笔订单刷新纪录,其中超过万笔订单的店铺有366个。订单量几何倍增加体现了速卖通的国际影响力越发强大,但是跨境电子商务物流慢的问题始终困扰着买卖双方,2016年速卖通"双十一"的第一张订单耗时15天才完成。不过这个问题仅仅用了1年的时间就发生了改变。2017年"双十一"仅仅开始68分钟,俄罗斯买家就成功收到了货件,速度整整提升了350倍。这种增速令人咋舌,究竟是什么原因呢?原来速卖通引入了天猫的预售模式,通过海外提前配货,在消费者完成支付后,实现了快速发货。

2018年速卖通的"双十一"除了开始时间不同，还升级了国家策略，根据往年的数据将全球的五个重点地区进行了划分，一是以俄罗斯为核心辐射俄语国家，覆盖用户超1亿；二是以西班牙和法国为核心，辐射意大利、比利时等西欧国家；三是以波兰为核心辐射东欧国家；四是以沙特阿拉伯、阿联酋为核心辐射中东地区；五是以美国和巴西为核心辐射美洲市场。在物流上，针对俄罗斯市场投入19架小型飞机和2架747飞机专供俄罗斯，海运班次从每周一次提高到每周两次。在欧洲，每周4班直航货机往返于杭州—卢森堡列日机场，2架747货机直飞香港—卢森堡。同时与西班牙等国家的当地邮政系统合作，跨境物流时效提升50%以上。在中东地区，启动"石油计划"，沙特和阿联酋的跨境物流时效提升了50%。

速卖通的"双十一"让阿里巴巴真正地实现了"双十一"的"全球狂欢"，也让中国卖家走出了国门，收获了世界各国的订单。

任务一　跨境电子商务平台速卖通的商业模式

【任务导入】

通过前面的学习，我们得知目前中国的跨境电子商务正处于飞速发展的时期。阿里巴巴速卖通于2010年4月上线，经过多年的迅猛发展，目前已经覆盖220多个国家和地区的海外买家，每天海外买家的流量已经超过5000万，最高峰值达到1亿，已经成为全球最大的跨境交易平台。2018年9月12日，阿里巴巴速卖通战略发布会在杭州召开。会上，速卖通公布了2018最新成绩单：继2017年4月买家数量突破1亿大关后，速卖通在一年时间内新增5000万用户，累计成交用户已突破1.5亿，全球范围内每月访问速卖通的消费者超过2亿。为什么速卖通能取得如此快速的发展？它使用的是什么模式呢？这个被广大卖家称为国际版"淘宝"的速卖通与我们国内的淘宝又有哪些异同点呢？下面我们就一起走进速卖通。

【学习目标】

知识目标

1. 了解速卖通的基本信息。
2. 了解速卖通的商业模式。

能力目标

1. 能理解速卖通的交易规则。
2. 能说出速卖通的基本模式。

1. 速卖通的发展历程

速卖通于 2010 年 4 月上线，截止到 2018 年，速卖通每年成交额保持 300% 到 500% 增长，在线商品数量已达到亿级，订单成功覆盖全球 220 多个国家和地区，平台卖家 20 多万，注册的速卖通账号包含未开店的已接近 200 万。2014 年速卖通第一次参加全球化"双十一"活动，24 小时内创下 684 万笔交易订单，当天有效订单覆盖 211 个国家和地区。在流量排名方面，购物类网站排名中巴西、俄罗斯、土耳其等国可以排到第 2，美国综合排名第 5。主要的国家分布也是这几个国家，流量占比总和 50% 左右。2015 年 4 月，速卖通上线五周年，阿里巴巴启动全新 LOGO，将口号全面升级为"smart shopping, better living"。2015 年 12 月 7 日，速卖通发布全平台入驻门槛新规，并在 2016 年从跨境 C2C 全面转型为跨境 B2C。最重要的变化就是从 2016 年 4 月份开始，所有商家必须以企业身份入驻速卖通，不再允许个体商家入驻，而到 2016 年下半年，速卖通规定商家必须有品牌，至此速卖通上的商家准入标准有两个，一是企业身份，二是品牌。近年来，受惠于"一带一路"政策，速卖通在中东、东欧等"一带一路"新兴市场上势头良好。在 2018 年的速卖通 828 大促中，沙特、阿联酋、西班牙等"一带一路"新兴市场爆发式增长，其中中东地区交易规模涨幅高达 252%。

目前，速卖通销售前五的目的地国家是：俄罗斯、巴西、西班牙、印度尼西亚、美国。速卖通覆盖 3C、服装、家居、饰品等 30 个一级行业类目。速卖通销售品类排名前五的是服装及配饰、手机及通信工具、美妆及健康、计算机网络、珠宝及手表。

2. 速卖通的基本模式

速卖通平台是我国最大的电子商务公司——阿里巴巴公司致力于为中国供应商和国际中小采购商提供便捷高效的在线交易服务平台。对于国际采购商来说，在速卖通平台上可以以较低的价格方便快捷地采购到中国制造的全线产品，并获得安全、快捷、优质的服务。而对于中国供应商而言，可以直接通过速卖通平台售卖产品，从而开拓国际市场，获取更多利益。

（1）目标客户群体

速卖通平台的服务对象主要包括两类人：买家和卖家，不过同阿里巴巴的其他平台一样速卖通平台只会向卖家收取费用。

① 买家

速卖通平台上的买家包括线上和线下的零售商，前者指的是 eBay、亚马逊等平台的零售商，后者主要是指实体店和中小零售商。

② 卖家

速卖通平台上的卖家主要是指就是阿里巴巴平台上的供应商会员，包括外贸生产型企业、外贸公司、外贸 SOHO 一族三类。同时，这些卖家通常也是 eBay 等各种 C2C 平台上的卖家。在速卖通平台上，中小型外贸公司和外贸 SOHO 一族较多，而实力较强、本身就具有稳定营销渠道的外贸生产型企业就比较少。

③ 买家的拓展

作为阿里巴巴打造的面向全球市场的在线交易平台，速卖通的买家自然主要来自阿里巴巴平台。同时，速卖通平台还借助于搜索引擎优化、付费推广、网站联盟、许可电子邮件营销等多种方式来吸引全球买家。

④ 卖家的拓展

想要成为速卖通平台上的卖家会员，首先要成为阿里巴巴现有的中国供应商会员才可以免费进驻速卖通平台。因此，阿里巴巴平台上的中国供应商会员是速卖通卖家的主要来源，同时速卖通平台还通过深入对手内部、在线方式、线下拓展等吸引国内卖家。

（2）服务体系

速卖通平台借助自身以及核心合作伙伴的资源为买卖双方提供优质的贸易服务。

① 速卖通平台的资源配置

速卖通是面向全球市场为买卖双方提供优质的在线交易服务的平台，该平台的主要构成包括技术研发部、卖家及买家拓展部门、客服部门、后勤保障部门等。

技术研发部：主要负责网站的建设和相关工具的研发。

卖家拓展：主要负责为平台吸引更多的国内卖家。

买家拓展：主要负责通过 SEO、SEM、EDM 等方式为平台吸引更多的国外买家。

客服部门：主要负责卖家认证、付款及退款处理、交易纠纷处理等工作。

后期保障：主要负责财务、人力资源等通常的后勤保障工作。

② 速卖通平台的核心合作伙伴

速卖通平台的核心合作伙伴主要是网上支付厂商和谷歌搜索引擎。网上支付厂商如 PayPal 是线上交易支付最重要的工具，而速卖通平台对海外买家的拓展主要是通过谷歌搜索引擎进行的。

需要说明的是，在速卖通平台的整体商业流程中，平台本身并不与 DHL、USP、TNT、EMS 等物流企业发生直接的关系。

（3）成本结构及收入

速卖通平台的成本包括运营成本和推广成本两类。前者包括工资、房租、电费、服务器及相关费用的支出；后者主要是指支付给谷歌搜索引擎的关键词广告费用，这个费用有很强的变动性，有时会远超运营成本。

速卖通平台的收入来源主要包括会员费和交易佣金两种。

速卖通平台会对每笔成功的交易收取 5% 的佣金。例如，买家向卖家支付了 100 美元的商品款项，卖家实际收到的只有 95 美元，速卖通平台会收取 5 美元的交易佣金。

速卖通支持电汇、支付宝和其他跨国在线支付渠道。同时，阿里巴巴为了推广支付宝交易方式，还在优惠期内对使用支付宝交易的卖家只收取 3% 的佣金。

【任务练习】

1. 简述速卖通的发展历程和商业模式？
2. 除了速卖通之外，其他平台的商业模式是怎样的？请举例说明。

任务二　速卖通平台账号的开通

【任务导入】

通过前面的学习，我们对速卖通平台已经有了基本的了解，可是当我们想在速卖通中开设店铺时，我们应该如何操作呢？怎么去找产品？速卖通是不是跟淘宝一样呢？下面我们就带着这些问题来学习速卖通平台的开通。

【学习目标】

知识目标

1. 了解速卖通账号注册的基本要求。
2. 了解速卖通平台账号的开通流程。

能力目标

能根据速卖通的注册流程进行注册操作。

1. 速卖通账号的开通

（1）邮箱注册

打开速卖通网站，从卖家入口进入"免费开店"中，使用邮箱进行注册和验证，如图2.1所示。单击"下一步"，单击激活链接，完成邮件确认，如图2.2所示。

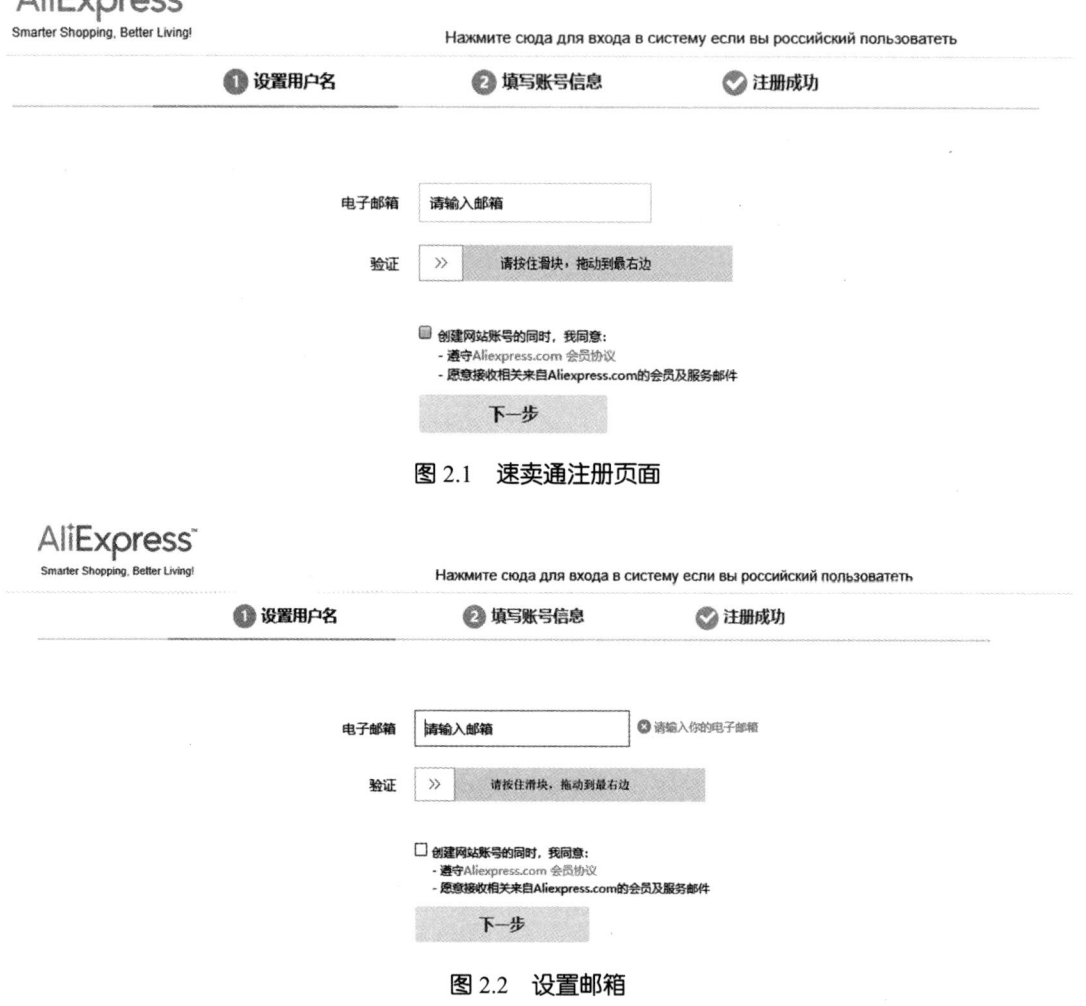

图2.1 速卖通注册页面

图2.2 设置邮箱

为了便于企业的注册，简化审核流程，企业在注册时尽量不要使用注册过淘宝、天猫、1688等阿里系平台的邮箱。卖家在速卖通所使用的邮箱不得包含违反国家法律法规、涉嫌侵犯他人权利或干扰速卖通运营秩序的相关信息。目前除特殊情况外，只有中国大陆的卖家才可在速卖通注册卖家账户。中国大陆卖家不得利用虚假信息在速卖通注册海外买家账户，如速卖通有合理依据怀疑中国大陆卖家利用虚假信息在速卖通注册海外买家账户，速卖通有权关闭买家会员账户，对于卖家速卖通也有权根据违规行为进行处罚。

（2）完善账户信息

当企业用户完成注册后，需要完善账号的信息，设置登录密码，填写英文姓名、手机号码、联系地址，选择在线经验，如图2.3所示。之前速卖通平台要求选择经营模式，包括企业运营（贸易公司）、代运营、个人及贸易 SOHO 和其他模式等。不同的运营模式，需要上传的证件以及相应的优势都是有所差异的，对后期的运营要求也有区别。因为企业在入驻初期对运营模式并不是特别清楚，因此，2018年以后速卖通不再要求企业填写运营模式。

图 2.3 填写账号信息

（3）实名认证

当企业用户完成注册并填写完基本信息后，就可以进入卖家后台进行账号绑定，登录页面如图2.4所示。

图 2.4 速卖通登录页面

登录成功后，首先要求选择认证方式，有企业和个体户两类，如图 2.5 所示。之前个体户是不被允许在速卖通平台上注册的。这里需要注意的是，个体户并非个人卖家，个体户在注册时也需要有企业营业执照。首先要上传资料，包括公司名称、注册号/统一社会信用代码、法人代表姓名、营业执照图片、法人身份证号；其次要登录法人实名认证支付宝账号；再次要完成人工审核；最后完成认证。

图 2.5 速卖通认证页面

当卖家通过认证（支付宝实名认证、身份证认证或速卖通要求的其他认证），则不论其速卖通账户状态开通与否，不得取消个人身份信息绑定。一个会员仅能拥有一个可出售商品的速卖通账户（速卖通账户所指为主账户）。

商家必须要有商标（R/TM 标，个别类目需要纯英文标）；必须拥有或代理一个品牌经营，根据品牌资质，可选择经营品牌官方店、专卖店或专营店；卖家须缴纳技术服务年费，各经营大类技术服务年费不同，经营到自然年年底，拥有良好的服务质量及不断壮大经营规模的优质店铺将有机会获得年费返还奖励。

速卖通禁止出租、出借、转让会员账户，如有相关行为的，由此产生的一切风险和责任由会员自行承担，并且速卖通有权关闭该会员的账户。中国供应商付费会员若在阿里巴巴的任何平台因严重违规被关闭账户，速卖通平台的相关服务或产品也将同时停止使用。

【任务练习】

1. 如何在速卖通上使用邮箱进行注册？
2. 说说速卖通认证的要求，并通过流程图的模式展现。
3. 其他跨境平台的注册认证与速卖通有什么不同，举例说明。

任务三 商品发布的规则和流程

【任务导入】

在学习了速卖通的注册流程之后，大家要开始进入真正的店铺运营的阶段。速卖通的口号是"让天下没有难做的跨境生意！"，但是我们知道"千里之行始于足下"，想要运营好一家跨境店铺，首先要了解这个平台有哪些要求，最基本的是关于商品我们该如何运作呢？下面我们就一起学习商品发布的规则和流程。

【学习目标】

知识目标

1. 了解速卖通平台商品发布的基本要求。
2. 了解速卖通平台上商品发布的流程。
3. 了解速卖通平台禁限售违禁信息。

能力目标

能根据速卖通平台商品发布流程进行商品的上传。

1. 商品发布的基本要求

速卖通平台将行业划分为服装服饰、箱包鞋类、精品珠宝、手表、健康用品、运动＆娱乐、3C数码、特殊类等21个经营范围，每个经营范围分设不同经营大类，各经营大类下设若干个主营类目。除特殊规定外，每个速卖通账号（店铺）只允许选择一个经营范围，并可在该经营范围下经营一个或多个经营大类。若经营一个经营大类下的多个主营类目，则要在系统中多次申请。特殊类的不开放招商系统，采用的是随附准入制。

卖家在平台中至少上传10款即将售卖的商品供平台审核，并且要保证这10款商品应在入驻后3个月内在线销售；经营的商品必须是该品牌商品的主打产品，具有代表性，可帮助平台对店铺产品定位、风格及品牌情况进行初步判断；审核通过后，若卖家上传更多同品牌产品，必须保证产品风格、质量水平与样品保持基本一致。如若后续平台发现并认定卖家实际售卖的商品与上传的清单样品的特性严重不符，根据违规严重程度，平台拥有给予提醒整改、冻结经营权限直至关闭账号清退的权利。

卖家在商品描述页面、店铺页面等所有速卖通提供的渠道中，应当对商品的基本属性、成色、瑕疵等必须说明的信息进行真实、完整的描述。同时卖家应保证其出售的商品在进口国法律规定的合理期限内可以正常使用，包括商品不存在危及人身财产安全的不合理危险、具备商品应当具备的使用性能、符合商品或其包装上注明采用的标准等。下面以珠宝饰品大类下精品珠宝二级类目为例进行说明。

速卖通平台对精品珠宝和流行饰品做出区分。精品珠宝（Fine Jewelry）是指以珍贵天然宝石及/或贵金属制成的珠宝饰品。天然宝石包括天然形成或天然形成后经人工加工的宝石、玉石、珍珠及钻石等（人工加工的需在产品页面进行明确标示）。贵金属包括纯度较高的金、银、铂金等。产品主体中金属材质或者主石至少满足如下条件之一：9K以上的贵金属，PT850或以上的铂金，天然宝石、合成宝石（Created Gemstones）或经过光学、物理、化学等方法人工处理过的天然宝石，自然形成或养殖的珍珠，钻石；含银量在92.5%及以上的无任何镶嵌物的纯银产品；含银量在92.5%及以上且镶嵌主石为天然宝石或经过光学、物理、化学等方法人工处理过的天然宝石，自然形成或养殖的珍珠，钻石。凡申请获取精品珠宝该二级类目下的经营资质，需提交精品珠宝至少10款不同商品的国家或国际权威机构认可的材质鉴定证书。流行饰品（Fashion Jewelry）和精品珠宝两个不同二级类目下的商品不得在同一店铺售卖。

二级类目精品珠宝下的重要叶子类目和重要类目属性（值）如表2.1所示。

表2.1 速卖通精品珠宝的三级类目表

三级类目	对应英文类目	三级类目	对应英文类目
项链	Necklaces	珠子	Beads
戒指	Rings	身体及穿刺首饰	Body Jewelry

三级类目	对应英文类目	三级类目	对应英文类目
耳饰	Earrings	胸针	Brooches
手链	Bracelets	领带夹和袖扣	Ties Clips & Cuff links
手镯	Bangles	钥匙链	Key Chains
首饰套装	Jewelry Sets	小吊坠	Charms
珠宝发饰	Hair Jewelry	项链吊坠	Pendants
脚链	Anklets		

精品珠宝的重要类目属性如表 2.2 所示。

表 2.2 精品珠宝重要类目属性表

重要属性	英文对应属性
主石	Main Stone
副石	Side Stone
金属类型	Metal Type
金属纯度	Metal Stamp
钻石净度	Diamond Clarity
钻石重量	Diamond Carat Weight
钻石形状	Diamond Shape
珍珠类型	Pearl Type
珍珠直径	Size per Pearl
证书类型	Certificate Type
证书号	Certificate Number

在产品标题的发布规范上，精品珠宝商品标题需至少包含商品的品牌及材质信息：品牌名＋材料（逐一命名各种材料）＋叶子类目名称。

示例 1：ZOCAI 18K White Gold（AU750）0.3 CT Certified I-J/SI Round Cut Diamond Engagement Women Ring

精品珠宝商品标题需如实描述，为确保卖家的权益，商品标题不得采用描述性字眼"镀银"（silver-plated）、"镀金"（gold-plated）、"镀玫瑰金"（rose gold-plated）或"镀银的"（silver plated）、"镀金的"（gold plated）、"镀玫瑰金的"（rose gold plated）。商品标题需如实描述，保证商品材质和类目属性、标题、详情页描述的一致性。

另外，为保障消费者在购买商品时拥有充分的知情权，商家需在发布产品时明示商品的品牌名及商品详情图片中的商标吊牌、材质、重量、各类宝石或贵金属的相关属性值。同时，贵金属镶嵌珠宝、贵金属首饰必须带有完整的印记和标签。

2. 商品发布的流程

首先进入产品发布页面,进入类目选择,如图 2.6 所示。

图 2.6　速卖通商品类目选择

接下来填写产品的基本属性,如图 2.7 所示。

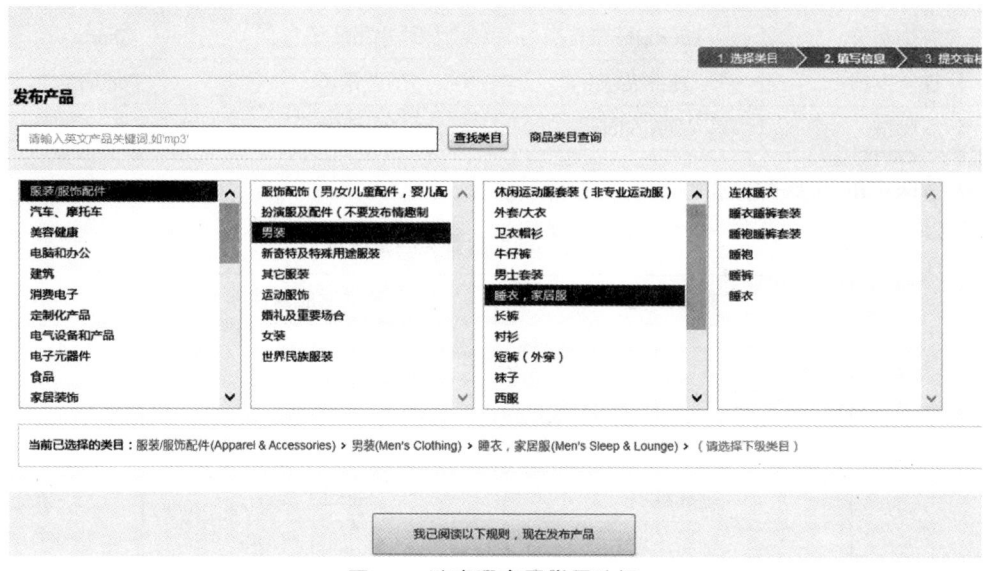

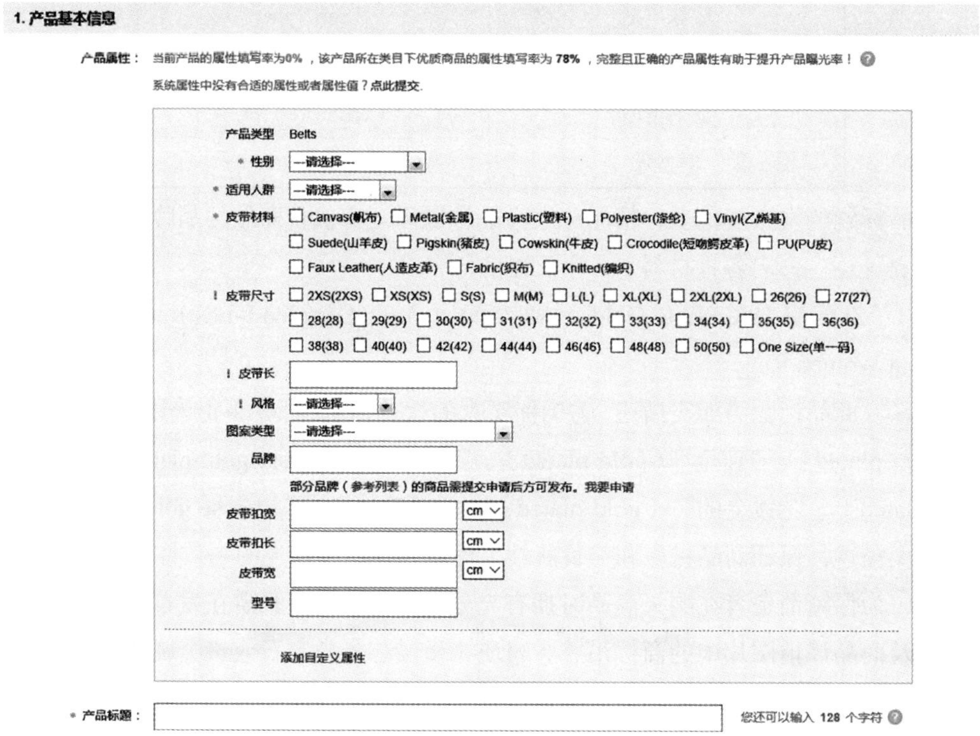

图 2.7　速卖通商品属性

填写产品标题并上传产品图片,如图2.8所示。

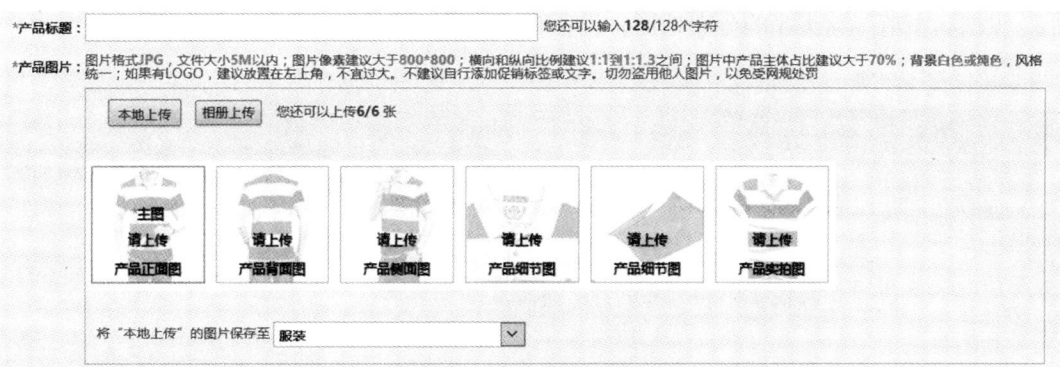

图 2.8　速卖通商品标题及图片

设置产品的价格、产品的各项属性以及产品描述,如图2.9所示。

图 2.9　速卖通商品参数

设置产品的包装信息,包含产品的包装后重量和尺寸,如图2.10所示。

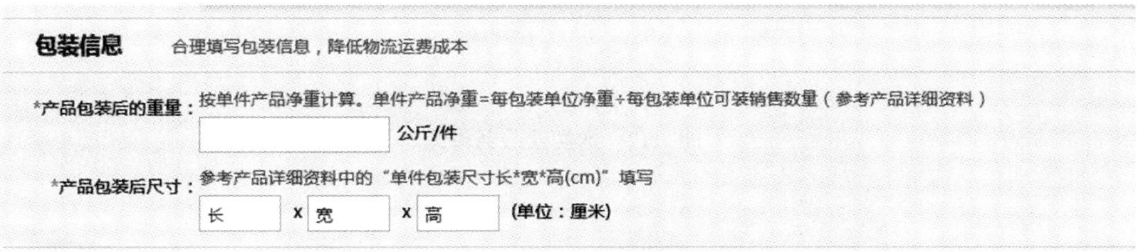

图 2.10　速卖通商品包装信息

设置产品的运费，如图 2.11 所示。

根据卖家情况与买家的分布地区，设置合适的运费模板。

图 2.11　速卖通商品运费

设置产品的服务模板，如图 2.12 所示。

设置自家的服务模板并于商品关联，选择的服务模板将会显示在商品详情页，比如退款、退税、包邮等。

图 2.12　速卖通服务管理

3. 速卖通平台禁限售违禁信息

速卖通作为一个对外贸易的跨境电子商务平台，在对商家的监管方面要求十分严格，因为既要考虑我国的相关法律法规，同时要考虑商品销售地所在国家（地区）的相关法律法规，因此商家在发布商品时要充分理解平台的要求和政策，不得发布任何含有或指向性描述禁限售信息。若用户通过任何方式规避平台发布的禁售商品管理规定及公告规定的内容，将被加重处罚。

速卖通平台通过扣分的方式进行处罚，累积到一定分值，将执行关闭账户处罚。对于被认定为恶意行为的一般违规将做加重处罚处理（如发现同类重复违规行为，二次处罚分数加倍），如表 2.3、表 2.4 所示。

表 2.3 禁限售规则

处罚依据	行为类型	违规行为情节／频次	其他处罚
《禁限售规则》	发布禁限售商品	严重违规：48 分／次（关闭账户）	1. 退回／删除违规信息。 2. 若核查到订单中涉及禁限售商品，速卖通将关闭订单，如买家已付款，无论物流状况均全额退款给买家，卖家承担全部责任
		一般违规：0.5 分～0.6 分／次（1 天内累计不超过 12 分）	

表 2.4 知识产权禁限售扣分表

积分类型	扣分节点	处罚
知识产权禁限售违规	2 分	严重警告
	6 分	限制商品操作 3 天
	12 分	冻结账号 7 天
	24 分	冻结账号 14 天
	36 分	冻结账号 30 天
	48 分	关闭

具体品类及处罚参考如下表 2.5 所示。

表 2.5 具体品类及处罚参考

具体品类	处罚参考
（一）毒品、易制毒化学品及毒品工具	
1. 麻醉镇定类、精神药品、天然类毒品、合成类毒品、一类易制毒化学品	严重违规，最高扣除 48 分
2. 二类易制毒化学品、类固醇	一般违规，6 分／次

续 表

具体品类	处罚参考
3. 三类易制毒化学品	一般违规，2分/次
4. 毒品吸食、注射工具及配件	一般违规，2分/次
5. 帮助走私、存储、贩卖、运输、制造毒品的工具	一般违规，1分/次
6. 制作毒品的方法、书籍	一般违规，1分/次
（二）危险化学品	
1. 爆炸物及引爆装置	严重违规，最高扣除48分
2. 易燃易爆化学品	一般违规，6分/次
3. 放射性物质	一般违规，6分/次
4. 剧毒化学品	一般违规，6分/次
5. 有毒化学品	一般违规，2分/次
6. 消耗臭氧层物质	一般违规，1分/次
7. 石棉及含有石棉的产品	一般违规，1分/次
8. 烟花爆竹、点火器及配件	一般违规，0.5分/次
（三）枪支弹药	
1. 大规模杀伤性武器、真枪、弹药、军用设备及相关器材	严重违规，最高扣除48分
2. 仿真枪及枪支部件	一般违规，6分/次
3. 潜在威胁工艺品类	一般违规，2分/次
（四）管制器具	
1. 刑具及限制自由工具	一般违规，6分/次
2. 管制刀具	一般违规，6分/次
3. 严重危害他人人身安全的管制器具	一般违规，6分/次
4. 一般危害他人人身安全的管制器具	一般违规，2分/次
5. 弩	一般违规，0.5分/次
（五）军警用品	
1. 制服、标志、设备及制品	一般违规，2分/次
2. 限制发布的警用品	一般违规，0.5分/次
（六）药品	
1. 处方药、激素类、放射类药品	一般违规，6分/次
2. 特殊药制品	一般违规，6分/次

续表

具体品类	处罚参考
3. 有毒中药材	一般违规，2 分 / 次
4. 口服性药及含违禁成分的减肥药、保健品	一般违规，2 分 / 次
5. 非处方药	一般违规，2 分 / 次
（七）医疗器械	
1. 医疗咨询和医疗服务	一般违规，6 分 / 次
2. 三类医疗器械	一般违规，1 分 / 次
3. 其他医疗器械：除三类医疗器械外，其他需要专业人员指导操作的医疗器械	一般违规，1 分 / 次
（八）色情、暴力、低俗及催情用品	
1. 涉及兽交、性虐、乱伦、强奸及儿童色情相关信息	严重违规，最高扣除 48 分
2. 含有色情淫秽内容的音像制品及视频、色情陪聊服务、成人网站论坛的账号及邀请码	严重违规，最高扣除 48 分
3. 含真人、假人、仿真器官等露点及暴力图片	一般违规，2 分 / 次
4. 原味产品	一般违规，0.5 分 / 次
5. 宣传血腥、暴力及不文明用语	一般违规，0.5 分 / 次
（九）非法用途产品	
1. 用于监听、窃取隐私或机密的软件及设备	一般违规，6 分 / 次
2. 信号干扰器	一般违规，6 分 / 次
3. 非法软件及黑客类产品	一般违规，2 分 / 次
4. 用于非法摄像、录音、取证等用途的设备	一般违规，2 分 / 次
5. 非法用途工具（如盗窃工具、开锁工具、银行卡复制器）	一般违规，2 分 / 次
6. 用来获取需授权方可访问的内容的译码机或其他设备（如卫星信号收发装置及软件、电视棒）	一般违规，2 分 / 次
（十）非法服务类	
1. 政府机构颁发的文件、证书、公章、勋章，身份证及其他身份证明文件，用于伪造、变造相关文件的工具、主要材料及方法	严重违规，最高扣除 48 分
2. 单证、票证、印章、政府及专门机构徽章	严重违规，最高扣除 48 分
3. 金融证件、银行卡，用于伪造、变造相关的工具、主要材料及方法，洗黑钱、非法转账、非法集资	严重违规，最高扣除 48 分
4. 个人隐私信息及企业内部数据，提供个人手机定位、电话清单查询、银行账户查询等服务	一般违规，2 分 / 次

续　表

具体品类	处罚参考
5.法律咨询、彩票服务、医疗服务、教育类证书代办等相关服务	一般违规，2分/次
6.追讨服务、代加粉丝或听众服务，签证服务	一般违规，0.5分/次
（十一）收藏类	
1.货币、金融票证，明示或暗示用于伪造、变造货币、金融票证的主要材料、工具及方法	严重违规，最高扣除48分
2.虚拟货币（如比特币）	一般违规，6分/次
3.金、银和其他贵重金属	一般违规，2分/次
4.国家保护的文物、化石及其他收藏品	一般违规，2分/次
（十二）人体器官、保护动植物及捕杀工具	
1.人体器官、遗体	严重违规，最高扣除48分
2.重点和濒危保护动物活体、身体部分、制品及工具	一般违规，2分/次
3.鲨鱼、熊、猫、狗等动物的活体、身体部分、制品及任何加工机器	一般违规，2分/次
4.重点和濒危保护植物、制品	一般违规，1分/次
（十三）危害国家安全及侮辱性信息	
1.宣扬恐怖组织和极端组织信息	严重违规，最高扣除48分
2.宣传国家分裂及其他各国禁止传播发布的敏感信息	严重违规，最高扣除48分
3.涉及种族、性别、宗教、地域等歧视性或侮辱性信息	一般违规，2分/次
4.其他含有政治色彩的信息	一般违规，0.5分/次
（十四）烟草：	
1.成品烟及烟草制品	一般违规，6分/次
2.电子烟液	一般违规，6分/次
3.电子烟器具、部件及配件	需要类目准入，若错放类目，0.5分/次
4.制烟材料及烟草专用机械	一般违规，0.5分/次
5.烟草图片禁售（使用含有烟液的图片或图片中有烟液展示）	一般违规，1分/次
（十五）赌博	
1.在线赌博信息	一般违规，2分/次
2.赌博工具	一般违规，2分/次

续 表

具体品类	处罚参考
（十六）制裁及其他管制商品	
1. 禁运物	一般违规，1 分 / 次
2. 其他制裁商品	一般违规，1 分 / 次
（十七）违反目的国 / 本国产品质量技术法规 / 法令 / 标准的、劣质的、存在风险的商品	
1. 经权威质检部门或生产商认定、公布或召回的商品，各国明令淘汰或停止销售的商品，过期、失效、变质的商品，无生产日期、无保质期、无生产厂家的商品	一般违规，2 分 / 次
2. 高风险及安全隐患类商品	一般违规，1 分 / 次
（十八）部分国家法律规定禁限售商品及因商品属性不适合跨境销售而不应售卖的商品	
1. 部分国家法律规定不允许或限制售卖的商品	根据不允许售卖商品的类别，平台有权按照禁限售违禁信息列表中已约定类别处理，包括扣分、商品屏蔽、删除等处置
2. 因商品属性不适合跨境销售而不应售卖的商品（如香水，茶叶、粉末状动 / 植物提取物等食用保健品、食品等）	根据发布的此类商品禁售清单，卖家不应通过类目错放等方式发布任何平台不许售卖的产品，一经发现，平台有权采取退回、下架、冻结或关闭账号的处置

【任务练习】

1．上网收集速卖通以及其他平台的商品发布的要求和限制？
2．学习上述商品发布规则并进行商品的上传。

任务四　商品交易规则

【任务导入】

通过前面的学习我们了解了在速卖通平台上的商品发布的规则，以及商品交易的限制，学会了发布商品的流程，但是在具体的运营中还会遇到各种各样的问题。我们该如何处理物流，当出现纠纷时该如何解决，或者如何管理评价体系呢？下面我们就从四个方面来学习速卖通平台上的商品交易的规则。

【学习目标】

知识目标

1. 了解速卖通平台商品交易的规则。
2. 了解速卖通平台物流规则。
3. 了解速卖通平台纠纷处理。
4. 了解速卖通平台评价体系。

能力目标

1. 能在速卖通平台交易过程中正确使用各项规则。
2. 能在面对消费者提问时迅速根据规则进行反馈。

1. 交易中的时间限定

买家付款超时：自买家下订单起 20 天内，买家未付款或者付款未到账的，订单超时关闭。

买家取消订单：自买家付款成功之时起到卖家发货前买家可申请取消订单。

买家申请取消订单后，卖家可以与买家进行协商，如果卖家同意取消订单，则订单关闭、货款全额退还给买家；如果卖家不同意取消订单并已完成发货，则订单继续；如果卖家不做任何操作直至发货超时，则订单关闭、货款全额退还给买家；如果卖家对订单部分发货，并且在发货期内没有将订单全部发货完成，则订单关闭、货款全额退还给买家。

卖家发货超时：自买家付款成功之时起至备货期间内，如果卖家无法及时发货，可以与买家协商由买家提交延长卖家备货期的申请，卖家需在协商期限内发货；如果卖家在备货期内没有完成全部发货，则订单发货超时关闭，货款全额退还给买家。

买家确认收货超时：自卖家声明全部发货之时起，买家须在卖家承诺的运达时间内确认收货（如卖家承诺的运达时间小于平台的默认值则以平台默认值为准），期间卖家应与买家及时沟通收货情况；如果与买家沟通确实一直未收到货物，可以由卖家延长买家收货时间；如果买家一直未确认收货且未申请退款的，则该订单买家确认收货超时并视为交易完成。

买家申请退款：自卖家声明全部发货后，如卖家承诺的运达时间小于 5 天则在卖家发货后买家就可以申请退款，如卖家承诺的运达时间大于等于 5 天则在卖家发货后的 5 天后买家可以申请退款。

2. 物流规则

速卖通只支持卖家使用航空物流方式，支持的物流方式包括 UPS、DHL、FedEx、TNT、EMS、顺丰、中国邮政、香港邮政航空包裹服务及其他速卖通日后指定的物流方式。

卖家发货所选用的物流方式必须是买家所选择的物流方式，未经买家同意，不得无故更改物流方式。

卖家填写发货通知时，所填写的运单号必须真实并可查询。

卖家如果以航空小包方式发货，必须进行挂号。

过去30天内小包"未收到货"纠纷≥2笔且小包"未收到货"纠纷率大于15%的卖家会员，速卖通有权限制卖家使用航空大小包。

卖家需要谨慎选择物流发货渠道，平台鼓励卖家选择速卖通提供的线上发货物流渠道。速卖通只认可以下物流跟踪信息：线上发货物流跟踪信息，各国邮政官网、UPS官网、DHL官网、FedEx官网、TNT官网、TOLL官网、顺丰官网、EMS官网提供的物流跟踪信息。对于无法核实真伪的物流跟踪信息，速卖通有权不予认可。

3. 纠纷处理

卖家发货并填写发货通知后，买家如果没有收到货物或者对收到的货物不满意，可以在卖家全部发货5天后申请退款（若卖家设置的限时达时间小于5天则买家可以在卖家全部发货后立即申请退款），买家提交退款申请时纠纷即生成。

当买家提交或修改纠纷后，卖家必须在5天内"接受"或"拒绝"买家的退款申请，否则订单将根据买家提出的退款金额执行。

如果买卖双方协商达成一致，则按照双方达成的退款协议进行操作；如果无法达成一致，则提交至速卖通进行裁决。

第一，买家可以在卖家拒绝退款申请后提交至速卖通进行裁决。

第二，若买家第一次提起退款申请后15天内未能与卖家协商一致达成退款协议，买家也未取消纠纷，第16天系统会自动提交速卖通进行纠纷裁决。

第三，若买家提起的退款申请原因是"货物在途"，则系统会根据限时达时间自动提交速卖通进行裁决。

对于纠纷，为提高买家体验和对速卖通平台及平台卖家的信心，速卖通鼓励卖家积极与买家协商，尽早达成协议，尽量减少速卖通的介入；如果纠纷提交至速卖通，速卖通会根据双方提供的证据进行一次性裁决，卖家必须接受速卖通的裁决，并且如果速卖通发现卖家有违规行为，会同时对卖家给予处罚。

纠纷提交速卖通进行纠纷裁决后的2个工作日内，速卖通会介入处理。

如买卖双方达成退款协议且买家同意退货的，买家应在达成退款协议后10天内完成退货、发货并填写发货通知，速卖通将按以下情形处理。

第一，买家未在10天内填写发货通知，则结束退款流程并交易完成。

第二，买家在10天内填写发货通知且卖家30天内确认收货，速卖通根据退款协议执行。

第三，买家在 10 天内填写发货通知，30 天内卖家未确认收货且卖家未提出纠纷的，速卖通根据退款协议执行。

第四，在买家退货并填写退货信息后的 30 天内，若卖家未收到退货或收到的货物货不对版，卖家也可以提交到速卖通进行纠纷裁决。

4. 评价体系

速卖通平台的评价分为信用评价和卖家分项评分两类，信用评价如图 2.13 所示。

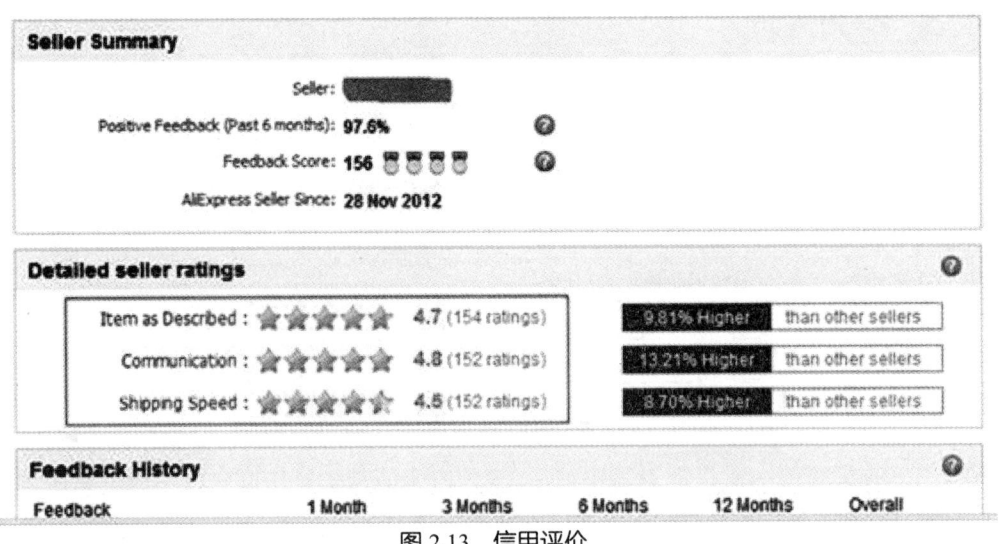

图 2.13　信用评价

信用评价，是指交易的买卖双方在订单交易结束后对对方信用状况的评价，包括五分制评分和评论两部分。

卖家分项评分，是指买家在订单交易结束后以匿名的方式对卖家在交易中提供的商品描述的准确性（Item as Described）、沟通质量及回应速度（Communication）、物品运送时间合理性（Shipping Speed）三方面服务做出的评价，是买家对卖家的单向评分。

信用评价买卖双方均可以进行互评，但卖家分项评分只能由买家对卖家进行。

所有卖家全部发货的订单，在交易结束 30 天内买卖双方均可评价。

对于信用评价，如果双方都未给出评价，则该订单不会有任何评价记录；如一方在评价期间内做出评价，另一方在评价期间内未评的，则系统不会给未评价方默认评价（卖家分项评分也无默认评价）。

商品/商家好评率（Positive Feedback Ratings）和商家信用积分（Feedback Score）的计算如下所示。

第一，相同买家在同一个自然旬（自然旬即为每月 1—10 号、11—20 号、21—31 号）内对同一个卖家只做出一个评价的，该买家订单的评价星级则为当笔评价的星级（自然旬统计的是美国时间）。

第二，相同买家在同一个自然旬（自然旬即为每月 1—10 号、11—20 号、21—31 号）内对同一个卖家做出多个评价，按照评价类型（好评、中评、差评）分别汇总计算，即好、中、差评数都只各计一次（包括一个订单里有多个产品的情况）。

同一评价类型（好评、中评、差评）下的多个评价只计算一个星级，星级计算方法如下：各类型评价（好评、中评、差评）星级 = 该类型买家评价星级总和 / 评价个数（四舍五入）。

第三，在卖家分项评分中，同一买家在一个自然旬内（自然旬即为每月 1—10 号、11—20 号、21—31 号）对同一卖家的商品描述的准确性、沟通质量及回应速度、物品运送时间合理性三项中某一项的多次评分只算一个，该买家在该自然旬对某一项的评分计算方法如下：平均评分 = 买家对该分项评分总和 / 评价次数（四舍五入）。

第四，评价积分不论订单金额，都统一为：好评 +1，中评 0，差评 −1。

第五，卖家所得到的信用评价积分决定了卖家店铺的信用等级标志，具体标志及对应的积分如图 2.14 所示。

Level	Seller	Buyer	Score
L1.1			3-9
L1.2			10-29
L1.3			30-99
L1.4			100-199
L1.5			200-499
L2.1			500-999
L2.2			1000-1999
L2.3			2000-4999
L2.4			5000-9999
L2.5			10000-19999
L3.1			20000-49999
L3.2			50000-99999
L3.3			100000-199999
L3.4			200000-399999
L3.5			400000 分以上

图 2.14 卖家店铺的信用等级

以下三种情况不论买家留差评或好评，都不计算好评率及评价积分。

第一，成交金额低于5美元的订单（成交金额明确为买家支付金额减去售中的退款金额，不包括售后退款情况）。

第二，买家提起未收到货纠纷，或纠纷中包含退货情况，且买家在纠纷上升到仲裁前未主动取消。

第三，运费补差价、赠品、定金、结账专用链、预售品等特殊商品的评价。

评价档案包括近期评价摘要（会员公司名、近6个月好评率、近6个月评价数量、信用度和会员起始日期）、评价历史（过去1个月、3个月、6个月、12个月及历史累计的时间跨度内的好评率、中评率、差评率、评价数量和平均星级等指标）和评价记录（会员得到的所有评价记录、给出的所有评价记录以及在指定时间段内的指定评价记录）。

好评率＝6个月内好评数量／（6个月内好评数量＋6个月内差评数量）

差评率＝6个月内差评数量／（6个月内好评数量＋6个月内差评数量）

平均星级＝所有评价的星级总分／评价数量

卖家分项评分中各单项平均评分＝买家对该分项评分总和／评价次数（四舍五入）

对于信用评价，卖家对买家给予的中差评有异议的，可在评价生效后30日内联系买家，由买家对其评价自行修改；买家可在评价生效后30日内对自己做出的该次评价进行修改，但修改仅限于中差评改为好评，修改次数仅限1次。

对于信用评价，买家对卖家给予的中差评有异议的，可在评价生效后30日内联系卖家，由卖家对其评价自行修改；卖家可在评价生效后30日内对自己做出的该次评价进行修改，但修改仅限于中差评改为好评，修改次数仅限1次。

买卖双方也可以针对自己收到的差评进行回复解释。

关于卖家分项评分，一旦买家提交，评分即时生效且不得修改。若买家信用评价被删除，则对应的卖家分项评分也随之被删除。

速卖通有权删除评价内容中包含人身攻击或者其他不适当的言论的评价。

速卖通保留变更信用评价体系，包括评价方法、评价率计算方法、各种评价率等的权利。

【任务练习】

1. 你在电子商务平台购物时碰到过交易纠纷吗？在这个过程中商家是如何与你沟通解决的？

2. 上网收集其他跨境电子商务平台的交易规则，与速卖通做比较，以PPT的形式进行展示。

项目三　跨境电子商务选品

项目概述

本项目将围绕跨境电子商务选品的问题展开。对于跨境电子商务运营者而言，选品是至关重要的一个环节，产品有没有销量、能不能成为爆款，取决于选品是否对路。当前出口电子商务行业选品的渠道有很多，但是在选品前一定要对国内外相关的法律法规有所了解，尤其是知识产权和商标，所以本项目首先介绍跨境商品相关法规及知识产权保护政策，并在此基础上对跨境电子商务的选品策略和选品方法进行论述。

案例思考

跨境电子商务的热门——宠物用品

宠物用品是一个众多跨境卖家选择的类目，但是很多卖家对其不是特别的了解。根据欧睿信息咨询公司的统计得知，2015年全球宠物市场规模约为1050亿美元，过去5年全球宠物市场保持5%左右的同比增速。美国是全球最大以及最成熟的宠物消费市场，宠物产业总支出达602.8亿美元，北美宠物经济产值占全球总额的37%，欧洲与亚洲均约为23%。从家庭养宠比例来看，美国家庭宠物拥有率为65%，德国为36%，日本为28%。面对这样一个环境，对于广大中国卖家而言，市场机遇很大，但是如何占据市场呢？

首先要对市场进行细分。以占有率最高的美国市场为例，美国宠物市场的消费特点从消费产品角度来看，主要产品是宠物食品、玩具、服饰，其中第一大消费品是宠物食品，第二大消费品为保健品。而宠物护理费平均每次达到92美元。美国用户在重大节日或者宠物生日时都会给宠物买礼物，视宠物为家人。近年来美国用户越来越重视宠物的心理健康，青睐做工精致、质量优越的产品。随着人工智能的普及，智能宠物用品在跨境市场越发活跃。2017年，通过APP控制可以分配食物、记录视频、拍摄照片、通过前置音箱或迷你网球让铲屎官与狗狗进行互动的Anthouse宠物伙伴，帮助追踪宠物位置并展示求助信息的Kyon追踪器，根据宠物狗年龄、重量、品种和玩耍方式来自动调整的GoBone玩具骨头，通过手机APP给宠物分配食物和水同时监测猫咪饮食和营养情况的Catspad智能喂食机等智能宠物用品成了跨境宠物市场的新宠。

2017年，美国最大宠物连锁品牌PetSmart公司投掷33亿美元收购宠物用品网站Chewy.com。2018年5月，亚马逊新推宠物用品自有品牌Wag，强势进军宠物用品市场。商业资本的涌入说明了宠物用品市场在未来几年将会进入发展的红利期。

请大家想一想，面对这样庞大的市场，我们可以推出哪些产品呢？在推出相关产品的过程中，我们要注意哪些事项呢？

任务一　跨境电子商务商品相关法规及知识产权保护政策

【任务导入】

2018年8月31日，十三届全国人大常委会第五次会议表决通过《中华人民共和国电子商务法》（以下简称《电子商务法》）。《电子商务法》的颁布为我国电子商务的发展奠定了一个基本的法律框架，立法涉及的面非常广，涉及电子商务经营主体、经营行为、合同、快递物流、电子支付等。其中，《电子商务法》在第二十六条、第七十一到七十三条都提到了跨境电子商务，随之引出了跨境进口电子商务从业者的一些讨论，也有少数人在微博和其他媒介炒作电商法实施后一些目前跨境热销的产品不能入境。因此，在学习如何进行跨境产品的选品之前，我们有必要了解与跨境电子商务相关的法律法规以及相关的知识产权保护政策，才能更好地了解跨境电子商务、走进跨境电子商务。

【学习目标】

知识目标

1. 了解跨境电子商务的相关法律法规。
2. 了解跨境电子商务的知识产权保护政策。

能力目标

能熟练地运用与跨境电子商务相关的法律法规。

1. 跨境电子商务的相关法律法规

电商立法始于2013年，历经五年的时间，经过四次的审稿，至2018年通过。这是中国电商领域首部综合性法律，其出台也被评价为"关乎互联网电商行业格局"。在《电子商务法》中，第二十六条、第七十一到七十三条都提到了跨境电子商务。我国跨境电子商务政策的调整，可追溯到2016年4月8日起实施的跨境电子商务零售进口新政（被业内称作"48新政"），核心为调整关税、正面清单、通关单三项内容：在税收层面，实施跨境电子商务零售进口税收政策；在通关层面，参照进口商品正面清单，需按货物验核通关单，并对化妆品、婴幼儿配方奶粉等商品提出了首次进口许可批件等要求。在《电子商务法》中，第二十六条写道："电子商务经营者从事跨境电子商务，应当遵守进出口监督管理的法律、行政法规和国家有关规定。"这条主要是针对跨境电子商务近几年来，关于商品的投诉率不断上升、同时缺乏有效监管的情况。这条规定为消费者权益提供了法律保护，也将为跨境电子商务进一步发展提供保障。

《电子商务法》第七十一条写道："国家促进跨境电子商务发展，建立健全适应跨境电子商务特点的海关、税收、进出境检验检疫、支付结算等管理制度，提高跨境电子商务各环节便利化水平，支持跨境电子商务平台经营者等为跨境电子商务提供仓储物流、报关、报检等服务。国家支持小型微型企业从事跨境电子商务。"

2018年上半年，国际贸易环境发生较大变化，我国政府出台了多项刺激出口的政策，鼓励对外出口业务，尤其是跨境电子商务出口业务，得到了各级政府的关注；另一方面，国内消费需求持续升级，我国消费者对进口产品的需求保持旺盛状态，我国进出口贸易规模增速明显回升。《电子商务法》第七十一条更加印证了国家对促进跨境电子商务发展的支持，尤其是支持小型微型企业从事跨境电子商务。虽然现在跨境电子商务市场竞争与风险并存，但是随着国家对跨境电子商务仓储物流、报关、报检等服务的加强，跨境电子商务尤其是从事跨境电子商务的小型微型企业将会得到更大的发展。

《电子商务法》第七十二条是："国家进出口管理部门应当推进跨境电子商务海关申报、纳税、检验检疫等环节的综合服务和监管体系建设，优化监管流程，推动实现信息共享、监管互认、执法互助，提高跨境电子商务服务和监管效率。跨境电子商务经营者可以凭电子单证向国家进出口管理部门办理有关手续。"从这条中可以看到，国家的政策思路更加适应跨境电子商务进出口发展的现实情况和行业特点。跨境电子商务经营者可以凭电子单证向国家进出口管理部门办理有关手续。

《电子商务法》第七十三条是："国家推动建立与不同国家、地区之间跨境电子商务的交流合作，参与电子商务国际规则的制定，促进电子签名、电子身份等国际互认。国家推动建立与不同国家、地区之间的跨境电子商务争议解决机制。"

随着信息技术、互联网技术和跨境物流的不断完善，全球跨境网购消费者对我国优质商品的需求高速增长，促使跨境电子商务行业迅速发展。我国的跨境电子商务卖家不再满足于美国、加拿大等市场，而是纷纷开始拓展东南亚市场、非洲市场以及消费水平高、利润率高且增长潜力巨大的欧洲市场。但对于中国的跨境卖家来说，进入不同国家的市场，在获得机遇的同时也面临着种种挑战。

国家推动建立与不同国家、地区之间跨境电子商务的交流合作，推动建立与不同国家、地区之间的跨境电子商务争议解决机制。机遇和挑战总是相伴同行的，市场需求的不断增长，加之国家利好政策的加持，中国跨境电子商务行业的发展定会更加繁荣。相关法律条款的规定，提高了跨境电子商务的监管效率，促使跨境电子商务的健康发展进入有法可依的阶段。

2. 跨境电子商务的知识产权保护政策

我国在电子商务领域中一直发展得较为迅速。在这个过程中，很多优秀的企业已经通过跨境出口走向了全世界。一方面我们看到了跨境电子商务的蓬勃发展，另一方面我们在发展中也出现了很多问题。

由于从事跨境电子商务出口的很多企业是基于第三方平台销售，面对的客户可能来自不同的国家（地区），国内注册的商标在国外则有可能涉及侵权，国际知识产权法的复杂性给跨境电子商务卖家的侵权防范增加了不小的难度。个别中小企业对国际知识产权法缺乏认识，部分企业为了追求短期利益，在电商平台上售卖仿品和假冒商品，造成监管难的局面。因此，一方面需要从立法的角度增强管理，另一方面各平台需要在入驻门槛上有所提高，加强监管。比如速卖通就严禁用户未经授权发布、销售涉嫌侵犯第三方知识产权的商品，一旦被知识产权所有人或者买家投诉，或者被平台抽查到销售涉嫌侵犯第三方知识产权的商品，平台将根据侵权类型执行处罚。

具体有商标侵权、著作权侵权、专利侵权。商标权（Trademark）侵权是指未得到产品品牌官方的正规授权，擅自使用对方的商标或 LOGO。著作权即我们常说的版权（Copyright），如迪士尼卡通人物、国内外著名动漫、独特的设计图案乃至包装图案，这类侵权情况在跨境电子商务中甚为普遍。专利包括外观设计专利权（Design Patent）和发明专利权（Utility Patent）。外观设计专利权是指对产品的形状、图案、色彩及结合的新设计，常见为创意的首饰、个性的工艺摆件及相关外贸商品，相似度达 60% 以上就有可能判定为侵权假货。发明专利权主要是对原创的产品及设计理念的独占保护，保护范围极大，只要相关理念一样的均属于仿冒产品。很多卖家在选品的时候往往会选爆款、热卖款，而这些爆款、热卖款往往又是涉嫌侵权的重灾区。有些商家会认为其已经在国内注册过商标或者在国内申请过专利了，但仍然涉嫌侵权。因为商标有地域限制，中国的商标在美国没有法律效力，在美国注册了商标也不意味着在欧盟就可以受到保护。

下面我们来举一个例子让大家来看一下。Champion 是美国一家具有百年历史的国民运动服装品牌，近年来成功抓住了潮牌复苏的风口，借着说唱的东风成功将自己重塑成为潮牌中的一员，迅速在各国成为引领潮流的品牌。国内某手机配件制造厂商看准了这一商机，将 Champion 的 LOGO 印制在手机壳上，并通过第三方平台进行销售，被 Champion 投诉，如图 3.1、图 3.2 所示。

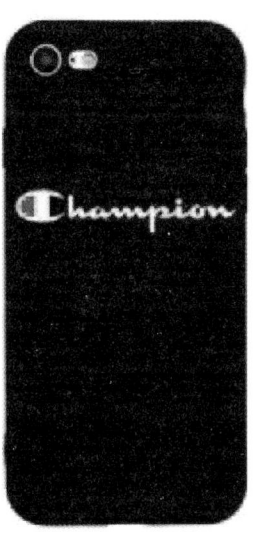

图 3.1　Champion 商标　　　　　图 3.2　商标侵权商品

这个案例就是典型的侵犯"商标权",因为 Champion 商标属于美国某公司所有,其知识产权编号为"5978549"。按照相关规定,如若在第三方平台上销售涉及侵权商品,商家有权在规定期内判断被投诉产品是否侵权,决定是否进行投诉。如若涉及侵权,商家要在后台进行清理,避免再次被投诉;也可通过在知识产权保护系统中了解到的联系方式与投诉方进行联系。经过沟通协商,如投诉方同意撤诉,可请投诉方直接通过知识产权系统进行撤诉操作。如若商家认为不侵权,商家可发起反通知。例如在阿里巴巴平台中就可以通过知识产权保护系统查询案件情况,根据要求填写反通知表单。

3. 跨境电子商务相关的查询知识产权数据库

为了规避侵权,我们通常第一件事情就是查询相关知识产权是否已经被注册。因为知识产权具有地域性,为了保护自己的知识产权,发明人一般会在自己想要保护的国家申请知识产权保护。但是前面已经说过,各个国家对商标、著作、专利等要求不一,因此就需要我们在申请时选择合适的知识产权数据库。

以美国外观专利申请为例,申请者须提供外观设计图片或照片:立体视图和六面图。六面视图尺寸必须一致,必要时提供参考视图;申请人的姓名、地址、邮编、身份证或护照;外观设计者声明;优先权证明文件(如果需要)。专利申请流程是:检索专利能否检索→签订保密协议→整理技术交底书→签订代理委托协议→撰写申请材料并确认→提交受理→专利审查→专利授权缴费→领取证书→年费监控。审查时间为 1~2 年,有效时间为专利授权日起的 15 年。

【任务练习】

1. 我国关于跨境商品的法律法规有哪些？请从网上搜集并进行整理。
2. 在日常生活中，你有没有遇到过侵犯商标的案例，请与大家分享。

任务二　跨境电子商务选品策略

【任务导入】

互联网的发展和国家政策的引导加速了跨境电子商务的发展，越来越多的中小企业和个人选择开展跨境电子商务业务。跨境电子商务可操作化是在传统外贸订单不断缩小的背景下产生的。常言道"七分靠选品，三分在运营"，选品则是开展跨境电子商务业务的一个非常重要的环节，是影响产品销量的主要因素。海外网购消费者对"中国制造"商品的青睐让许多中小卖家和个人看到了商机并投入到跨境电子商务产业。好的产品即意味着成功的一半，如果产品选不好会浪费大量的人力和资源，不仅运营效果不好，还很容易打击卖家的积极性。选品决定了跨境电子商务的发展方向，就好比掌舵，只有方向对了，才有可能到达彼岸。下面我们就从四个方面来学习如何进行选品。

【学习目标】

知识目标

1. 了解跨境电子商务品牌营销。
2. 了解海外市场需求分析的维度。
3. 了解跨境电子商务选品的策略。

能力目标

1. 能熟练地进行海外市场的需求分析。
2. 能根据选品策略对不同分类商品进行选品。

1. 跨境电子商务品牌

在上一个任务中，我们讲到海外对知识产权的保护非常重视，其中品牌就是海外商家和海外消费者最为重视的一块内容。国内很多的生产商和经营者往往会因为不注意或者有意蹭热点而被起诉,损失惨重。因此在跨境电子商务中,在品牌方面我们首先要发展有品质的自营品牌。如果你的产品有品质,就要注册自有品牌,跟平台一起扩大自营品牌的影响力,让自己的品牌商品脱颖而出,不断增加附加值。其次我们要完成品牌准入流程,即完成品牌准入再发布品牌商品,不要发布未获得发布权限的品牌商品。

(1) 跨境电子商务的品牌定位

品牌定位就是对品牌进行总体的规划、设计、明确品牌的方向和基本活动范围,进而通过对企业资源的战略性配置和对品牌理念持续性的强化传播来获取市场(包括消费者、竞争者、社会公众等)各方的认同,从而实现预期的品牌优势和品牌竞争力。品牌定位的方法有比附定位、类别定位、档次定位、消费者定位、比较定位、功能性定位和文化定位等。

品牌视觉识别是指从产品、企业、人、符号等层面定义出能打动消费者并区别于竞争者的品牌联想,与品牌核心价值共同构成丰满的品牌联想。一个强势品牌必然有丰满、鲜明的品牌识别。科学完整地规划品牌识别系统后,品牌核心价值就能有效落地,并与日常的营销传播活动有效对接。在品牌展示中,需要注意你的品牌是否符合海外本土消费者的审美习惯。许多中国企业会用拼音作为品牌的名字,这样的名字在中国国内比较有辨识度,但走出国门到了海外市场,很多读音是比较难读的,这在一定程度上限制了品牌的传播。比如,"g""x""z"等,英美国家的消费者很难准确地念出来。同样,比如品牌的LOGO,美国消费者比较喜欢朴素、简约风,这与淘宝的很多店铺LOGO的设计理念是不一样的。

(2) 跨境电子商务的品牌营销

对于跨境电子商务平台而言,品牌是出口的强心剂,而围绕品牌进行多渠道的衍生是跨境出口企业发展的必经之路。品牌化作为当前跨境电子商务的新趋势,中国商品一直是"廉价"的代名词,通过低价策略获得订单,但是因为缺少品牌形象,并没有获得用户黏性。品牌营销统筹整个营销路径,品牌策划必须贯穿每一个环节,才会让产品更有生命力和议价权。我们通过三个步骤具体阐述品牌营销。

首先要进行品牌的调研。针对海外消费者的不同喜好、行业发展的情况以及自身情况进行调研。系统客观的市场调研将会使卖家更加准确地找到卖点、有的放矢,多维度的基于大数据宏观分析定位市场则会让企业在运营中更加有效。比如,绿联科技是我国深圳一家生产3C数码配件的企业,早期以代工为主,2014年底绿联决定在亚马逊上开设自己的店铺,由此,"UGREEN绿联"品牌(图3.3)开始出现并陆续开通了美国、加拿大、英国、德国、法国、西班牙、意大利、日本和墨西哥亚马逊全球九大站点,从一家代工厂变为享誉全球的3C企业。

图 3.3　绿联科技

其次要能构建完整的视觉识别体系,包括品牌的 LOGO、名称、标准色号、字体等。让产品包装、网站运营、社交和推广等团队的素材和内容创作都在这个系统里完成,最终输出一个统一的品牌形象,如图 3.4 所示。

图 3.4　ANKER 商标

图中的"ANKER"是一个诞生于 2011 年的以生产移动电源为主的 3C 数码配件品牌,它的创始人阳萌自 2011 年回国后一直致力于数码配件的研发,并以自己的英文名字注册品牌。经过多年的发展,现在的"ANKER"已经成为一个享誉国内外的品牌,"ANKER"全球用户超过 2400 万人,其中 1000 万人成了"ANKER"的忠实粉丝。在新三板的估值达到了 11 亿美元。

最后要根据海外市场进行落地营销。从品牌营销的角度去积累资源库,建立本地化的创意团队和网红资源库。参加设计展、时装秀等行业展会,或者寻求一些赛事合作。发售新品的时候,可以推出一些网红联名款、流量 IP 赋能的系列款等。

以结果为导向是品牌进行用户拉新并且产生销量的主要方式。营销推广的内容素材应该在视觉识别系统内产生,选择适合自己产品的推广渠道。

2. 海外市场需求分析的维度

市场分析是对市场规模、位置、性质、特点、市场容量及吸引范围等调查资料所进行的经济分析，主要目的是研究商品的潜在销售量，开拓潜在市场，安排好商品地区之间的合理分配，以及企业经营商品的地区市场占有率。

市场是一个多要素、多层次组合的系统，既有营销要素的结合，又有营销过程的联系，还有营销环境的影响。运用系统分析的方法进行市场分析，可以使研究者从企业整体上考虑经营发展战略，用联系的、全面的和发展的眼光来研究市场的各种现象，既看到供的方面，又看到求的方面，并预见到发展趋势，从而做出正确的营销决策。

在进行市场需求分析时有两个最重要的因素，一是消费群体，二是使用场景设计。首先要考虑消费群体，目标消费群体的选择可以从年龄、性别、职业等基础属性、消费者的心理属性和消费者的消费属性三个方面进行定位。

海外市场的网购消费者与我国网购消费者有一定的相似处，比如喜欢实惠的商品，在线上购物是为了追求便捷。但是具体到每个国家（地区），消费者的偏好又有所不同，比如美国市场。

美国是世界上经济技术最发达的国家之一，国民经济实力也最为雄厚。美国人对自己的国家深感自豪，对自己的民族具有强烈的自尊感与荣誉感，这种心理能够在他们的贸易活动中充分表现出来。在购物心理和消费习惯上，美国人坚持公平合理的原则，认为两方进行交易，双方都要有利可图。如果双方出现分歧，他们只会怀疑对方的分析、计算，而坚持自己的看法。美国人不像英国人那样总要衣冠楚楚，而是不太讲究穿戴。美国人最关心的是商品的质量，其次是包装，最后才是价格。

欧洲市场因为历史原因国家较多，可分为西欧、北欧、东欧、南欧四个区域。西欧国家以英国和法国为代表，买家普遍特点是非常追求质量和实用性，讲究效率，关注细节，所以对产品的要求很高，并且会很认真地查看产品的详细描述。法国买家在对商品的质量要求十分严格的同时，也重视商品的美感，要求包装精美。英国的批发商非常喜欢试订单，总爱在大量订购前尝试性地订购一到两个样品。北欧国家主要包括丹麦、芬兰、冰岛、挪威和瑞典五国。这些国家因为政治稳定、人民生活水平较高，买家普遍特点是重视产品对环境的友好度，他们不喜欢也不善于讨价还价，如果产品质量过硬、环保、证书齐全，他们会选择直接下单，很少与卖家沟通价格问题。东欧国家以俄罗斯为代表，很看重实际利益，但是由于东欧国家大多经历过政治体制的变化，现在的市场还不成熟，其潜力较大。南欧国家与其他地区均不一样，包括意大利、西班牙、葡萄牙、希腊等国，历史悠久，并且很早就开始国际贸易，同时由于经济不景气，这些买家的特点主要是订单量小、效率较低。

非洲市场传统上是欧美产品的天下，非洲人喜欢欧美的品牌产品，使用欧美的技术标准。但随着近几年中非贸易的不断深入，以及"一带一路"倡议的指引，越来越多的中国卖家开始进入非洲。目前，高科技产品、电讯、机电等高附加值产品的比重已超过一半。非洲第二大跨境电子商务平台"Kilimall"是由前华为员工创办的，目标就是要做跨境电子商务，把中国品牌推向非洲。目前，该平台日单量 700 单左右，月销售额近 1000 万元人民币，约有 1000 家商户入驻。

3. 跨境电子商务选品策略的应用

从有贸易开始，中国一直是生产大国，这一点在现如今的跨境电子商务大潮之下，依然没有改变。同样需要正视的是，现有的出口产品中，绝大多数还是依附于其他发达国家的技术和品牌。但是随着国内生产商意识的提高，国家政策的支持，以及先进技术的普及，中国的产品已经不再是简单地追求人工附加的利润，而是开始有了品牌意识，有了技术意识，有了知识产品及相应专利的意识。在国际市场上，华为、小米等对品牌的重视程度不会亚于苹果。

（1）利用平台数据和行业动态选品

前面我们讲到选品的两大核心因素就是目标消费群体和应用场景。跨境电子商务平台提供了许多关于消费者的数据，通过挖掘分析这些数据，可以找到满足消费者需求的产品。比如敦煌网，在其主页面就有"行业动态"的栏目，下属类目分为3C数码、婚纱礼服、综合百货、时尚百货、母婴玩具和健康美容&假发六个大类，如图 3.5 所示。

图 3.5　敦煌网行业动态

点击进入任何一个类目，可以看到新品集结号，新品集结号是由敦煌网倾力打造的新品发布平台，由行业经理精心挑选国外买家急需、具有行业趋势的热品，如图 3.6 所示。

其次是行业资讯、行业报告。通过这些内容可以获得最新的行业信息。无论你是新手还是行业老手，这些资讯和报告都能给你带来更加具象化的信息，如图 3.7 所示。

新品集结号　　　　　　　　　　　　　　　　　　　　　　　　更多»

Wireless Sports Stereo Heavy Bass Headset
US $5.39 / Piece- US

Unic UC18 Mini LED Projector Portable
US $29.95 / Piece-

XGIMIProjector 1080p
US $800.0 / Piece-

cigarettes EVOD TWIST III M16 kit
US $9.39 / Piece- US

Aspire Nautilus AIO Pod Kit
US $16.73 / Piece-

Hugo Vapor Submarine Herbal Vaporizer
US $10.05 / Piece-

Kangertech XLUM TC Kit
US $36.42 / Piece-

Mini Bluetooth Speaker
US $5.84 / Piece- US

图 3.6　新品集结号

行业资讯 - 来自各行业的资讯分享　　　　　　　　　　　　　　　　　　更多»

跨境电商国外网红联系方式大公开:3C类目

　　最近很多人和Stephen抱怨，没有流量，没有订单，为什么烧了广告效果不明显?我该怎么办?Stephen想和他们说，为什么不考虑一下站外引流呢?那么今天咱们抛开站内的一切因素来谈一谈"网红营销"。　查看详情

2018年猛涨的10个跨境电商品类

　　在营销方面，卖家可以同时结合谷歌广告和Facebook广告，增加商店的知名度。你还可以扩展到其他热门手机配件，如手机壳等　查看详情

敦煌网启动2018新品类助推计划

　　北美2017年消费需求预期有增长，智能手机和PC需求有所改善，可穿戴设备和音频产品也是增长最快的产品。　查看详情

行业报告 - 准确公正的行业数据报告　　　　　　　　　　　　　　　　　　更多»

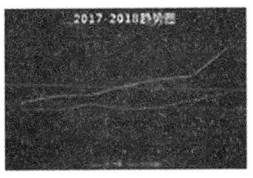
智能穿戴行业出口电商分析

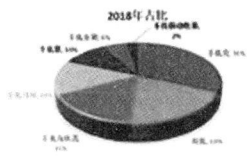
手机附件行业跨境出口电…

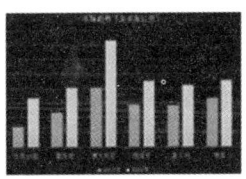
敦煌网消费电子电脑top…

图 3.7　行业动态

除了运用第三方平台上提供的相关资讯之外，我们还可以利用平台的搜索功能的关键词进行判断。比如敦煌网，搜索栏下的这些热门关键词就是近期平台的销售热点，如图3.8所示。

图 3.8　敦煌网搜索框

此外，我们还可以使用各种站内外数据分析工具，一般比较常用的站外分析工具是谷歌趋势（Google Trends），同国内的百度一样，Google Trends 通过分析谷歌全球数十亿计的搜索结果，告诉用户某一搜索关键词各个时期在谷歌被搜索的频率和相关统计数据。站内数据分析软件则各有不同，比如速卖通的数据纵横、敦煌网的数据智囊、Wish 的跨境商户数据分析等。

（2）利用品类细分进行选品

挖掘产品的细分价值，根据爆款产品的整体概念进行细分，寻求产品空间，是跨境商品的一个良性发展方向。在 Wish 平台上有一款产品叫作"Mens Sketeton Mechinial Watch"，卖得特别好，累计销售量高达 90000 件，跟卖肯定是拼不过大卖家的。既然这款手表这么畅销，何不继续深挖该产品需求，发掘潜在产品层次呢？每个人的手腕粗细不一样，表带有长短不合适的情况，自然就有调节表带长度的需求，那么表带调节器就是非常有潜力的爆款周边产品，如图3.9所示。

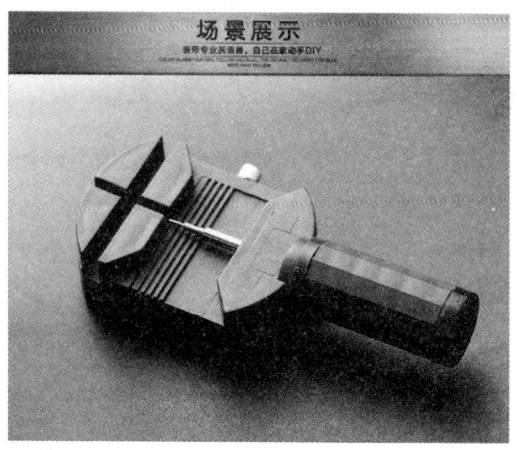

图 3.9　表带调节器

（3）组合商品、搭配销售

同国内电商一样，追求高客单价是每一个电商运营者的主要思路，而进行组合商品搭配销售无疑是一个提高客单价的好方法。可是如何进行商品搭配呢？第一种产品组合是确定店铺的引流款和利润款产品。所谓引流款，即为店铺提供流量的产品，其曝光度高，点击率高，一般利润比较低，也不是利润的主要来源。建议每间店铺设置 5 件左右引流款,利润率期望应该设在0~1%,折扣空间设置在30%~50%。利润款,是指能为店铺提供利润的产品,靠引流款带动销量,流量不多,但产品的利润高,预留折扣空间设置在5%~20%。采用这种组合方式需要做好引流款与利润款的关联销售。第二种产品组合是捆绑销售。以Wish平台上销售很火爆的运动相机为例,该款运动相机的单价是10~20美金,鉴于很多人不具备供应链优势或是缺乏耐心寻找烦琐的配件并将其组合在一起,以及大卖家往往专攻于自己的优势品类,对于这类需要大量精力但利润可能不及自家优势产品的组合产品兴趣不大,这就给了众多中小卖家"可乘之机"。将爆款运动相机的配件(包括充电器、支架、镜头等)组合在一起售卖,经过组合系列低价的配件后,单价达到了43美金。凭借便捷实惠的优势往往能够吸引大量用户,因此售卖这类组合产品的中小商家通常能赚取可观的利润。第三种是异类产品组合,也就是国外卖家经常使用的"福袋"。通过随机性、大数量、低总价的搭配方式吸引消费者的注意力。

(4)选品定价及生命周期

选品除了要考虑上述问题之外,还要考虑价格和生命周期以及安全性的问题。每个商家都希望能够做有利润的产品,高利润的产品对应的是更高的产品质量和更及时的服务。国外买家同国内消费者一样也会对同类产品进行比价,因此在定价时要慎重,要充分考虑目标消费群体的购物能力和购物心理,综合物流成本、平台佣金等费用。

产品的生命周期也是一个非常重要的问题。一般建议卖家在产品的成长期进入市场。投入期顾客对产品不太了解,为了扩展销路,需要大量的促销费用。而饱和期和衰退期销售额增长缓慢直至转而下降,竞争激烈,利润空间有限。跨境正常产品的生命周期为1年,竞争少的产品生命周期可能为2~3年。如果某款产品周期为1年,已经卖了8个月,此时建议不再开发。对于泳装、凉鞋、圣诞节的圣诞树和灯串这类季节性和节日性较强的商品,产品生命周期更短,一年的销售旺季只有2~4个月,这意味着卖家需要在旺季来临之前进入,提前3个月布局。产品的生命周期可以通过销售历史、价格趋势和排名趋势来获得。如果一款产品,它的价格越来越低,排名也越来越低,销售历史显示上年就有交易记录,那么产品就进入尾声了。

此外,选品还需要适合自身情况,选择自己熟悉的产品与行业入手,规避存在安全隐患的产品。平衡车、指尖陀螺除了涉及侵权外,也因为安全隐患受到关注,一旦平台认定存在安全隐患,就有可能被下架,严重的甚至被封号。在选择销售玩具和3C等安全事故频发的品类时,要仔细检查供应商有没有获得相关的认证。

【任务练习】

1. 在进行选品时,我们应该注意哪些策略?
2. 除了书上列举的敦煌网的一些选品信息外,我们还可以通过哪些方法了解国外市场?请举例说明。

任务三　跨境电子商务选品方法——以 3C 数码类产品为例

【任务导入】

通过上一个任务的学习，我们已经掌握了选品的相关策略。跨境电子商务可操作化是在传统外贸订单不断缩小的背景下产生的，而从产品的维度来看，货值高、体积小、重量轻的电子产品首先在跨境电子商务行业发力，这也能满足物流成本与产品成本对应关系的法则。3C 数码产品一直以来在中国对外出口中就属于至关重要的角色。2017 年全球电子产业的规模达到了将近 1.8 万亿美元的规模，中国的占比达到 38%，遥遥领先于其他国家。下面我们一起学习一下如何进行 3C 数码产品的选品。

【学习目标】

知识目标

1. 了解选品的流程。
2. 掌握选品的方法。

能力目标

1. 能根据网上的数据进行选品分析。
2. 能根据选品方法进行选品。

1. 产品定位

对于跨境出口企业而言，要想把生意做好，第一件事就是选品。选品的方法有很多，比如根据平台热销排行榜选品，浏览国外网站的热销进行跟售，追踪 Twitter 等社交媒体热搜热词。卖家选品会直接关系到店铺未来的运营。客单价高的产品利润高但成交量低，热销产品好卖但竞争激烈，定制产品风险大却有先机优势，自己熟悉或喜欢的产品却不一定能打开市场，各种问题困扰着卖家选品。所以首先要学会分析竞品，其次要列出目标市场和消费人群，最后要找到产品的特点，将产品特点与目标市场的特征结合，就能够确定产品定位。

同样是"代工产"出身的傲基电子商务，2018 年上半年度，其营业收入达到了 23.4 亿元，同比上升 56.30%，毛利率为 57.18%。傲基在做跨境电子商务时就通过调研发现，在欧美配件的主机以三星苹果及其他品牌手机为主，而竞争对手中全线经营三星苹果配件者较少，中偏高端的产品较多，以打包出售者较少。所以，最后他确定以中高端的三星苹果手机配件为主营，比如图 3.10 中这款车载手机支架，在国内非常常见，但是在亚马逊平台上成为热销产品。

图 3.10 热销手机配件

2. 选择热门市场类目

在 3C 产品中，有四类产品处于高速发展期，分别是手机、计算机周边、摄影类和智能穿戴设备。

（1）手机

2017 年全球手机出货量达到 14.9 亿部，中国的手机出口一直是欧美市场的主流，随着对俄罗斯、印度、南美洲、非洲市场的开拓，未来很长一段时间内手机将会是跨境出口的主要商品。这里值得一提的是一家名不见经传的公司——深圳传音。传音能够战胜华为、小米、OPPO、vivo 四大品牌的根本原因就在于其对跨境出口市场的准确判断和定位，开发人员针对非洲市场，推出了低价且功能简捷的手机。同时为了迎合非洲市场扩张阿拉伯市场，2016 年传音和曼城足球俱乐部达成协议，曼城足球俱乐部的科特迪瓦球星亚亚·图雷在非洲有着极高的知名度，而曼城足球俱乐部本身的控股股东则有着阿拉伯王室背景，这一合作得以进一步提升传音在非洲和阿拉伯地区的知名度。传音手机早在十年前就远涉重洋在非洲扎根，致力于非洲的功能机销售业务。2017 年传音手机在非洲市场占有率超过 40%，稳居非洲手机市场第一。

（2）计算机周边

随着科学技术的飞速发展，个人笔记本电脑已经处于穷途末路，很多传统的电脑厂商濒临破产，但是一些细分领域以及电脑周边产业却不断地发展，比如在澳大利亚市场、西欧市场，超薄的笔记本、可分离式的笔记本和翻转式的笔记本仍然存在一定的增长。尤其是随着电子竞技的发展,电竞爱好者的数量预计在 2020 年会突破 4 亿,电竞行业最近几年的增长都保持在 15% 以上。像显卡尤其是一些高配的显卡、风扇、电竞笔记本背包、固态的硬盘、CPU 等这些都是电竞行业里面比较好的产品。而我国又是世界上最大的计算机配件生产国,因此电脑周边产品仍然是未来发展的一个方向。

(3) 摄影类

传统摄影摄像器材已经走下坡路,但是随着手机的普及、直播行业的发展,如闪光灯、手柄、快门的遥控器、照明用的灯光等摄影器材,收纳包、防潮包、手袋、稳定器、三脚架、自拍杆、自拍杆辅助器材不断升温。而与摄影相关的器材如车载摄像头从 2014 年到 2018 年增长率达到 20%。

(4) 智能穿戴设备

自 2013 年以来,可穿戴智能设备风靡全球,苹果公司推出智能手表,国内众多厂商也发现这一市场,各种智能穿戴类产品纷纷涌现,它们搭载着高科技信息技术,监测辅助着人类健康便捷的生活。这类内置应用程序的产品已然在各大市场悄然走红。可以看到在敦煌网上,关于智能手表的搜索项高达 36777,热卖的商品已经达到 2 万余件,如图 3.11 所示。

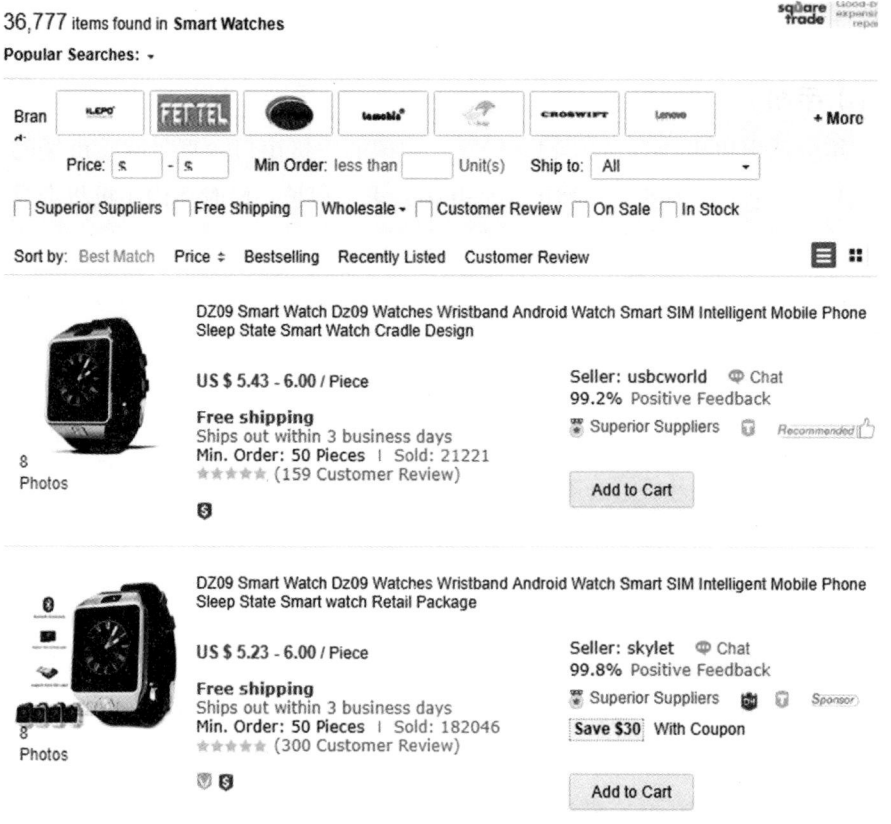

图 3.11 智能手表搜索页面

3. 细化方案、对接厂商

很多卖家在分析完市场之后，面临选品的难题？与传统的国内电子商务不同的是，因为消费群体的特征不同，国内很多商品在国外消费者严重不感冒，而国外消费者关注的点与国内又不太一样。比如，耳机芯片的不同类型、不同蓝牙的最远距离、首批投放应该做什么颜色，什么材料适合哪个国家……

跨境电子商务行业早期，卖家对工厂就一个要求：价格要够低。随着平台的升级，以及中产阶级消费人群的消费发力，售后以及产品质量成了更为重要的关键点。因此在对接厂商时要注意以下几点：热销的爆款或潜力爆款是有其生命周期的，需要尽早下单、尽快生产；卖家与合作厂商取得联系，判断工厂的淡旺季对应自身的产品采购诉求，做好备货计划；了解厂商新品开发周期及可量产的时间节点，提早沟通测试；定期要求厂商更新现货库存动态表格；节假日期间，供应链容易出现异常情况，此时需要卖家动态调整自身的备货计划，避免断货和库存积压的出现。

【任务练习】

除了3C数码类之外，其他品类的选品方法是否与其一致？如果一致，请参考此方法选择一类商品完成选品流程；如果不一致，请选择一个品类的商品，梳理其选品流程。

项目四　跨境电子商务商品的销售

项目概述

跨境出口面对的消费群体大多数是国外买家,在销售中除了要选对商品,更要注意展示的商品信息是否符合要求。本项目将围绕这个问题,从店铺装修、商品标题和关键词以及页面优化三个方面进行说明。通过案例和操作让大家了解如何让自己的店铺和商品在众多竞争对手中脱颖而出,吸引买家的眼球,营造良好的购物环境、塑造店铺形象和品牌形象。并且以速卖通和敦煌网为例,系统讲解商品信息的上传,加强大家理论与实践相结合的能力。

案例思考

跨境卖家必备的跨境商品"冷"知识——颜色与数字

与国内消费者不同的是,跨境卖家面对的是世界各地的消费者,因为种族不同、国家不同、文化不同,因此在确定目标客户之前要对其喜好展开调研。很多卖家只注重商机而忽略这些细节,导致生意惨淡。那么,外国买家对颜色和数字有哪些禁忌呢?

首先以我们的近邻日本为例,日本在颜色方面的喜好和禁忌和中国很相似,在日本黑色被用于丧事,红色被誉为吉祥、喜庆的象征,被用于包装礼物的主色调。黄色在日本当地也很受欢迎,一般新生的婴儿都要穿黄颜色的衣服,因为黄色被认为是阳光的颜色,可以起到保温的作用。所以在销售婴儿服装时,可以选择黄色或者和黄色相近的橙色。而在日本,黑白相间色、绿色、紫色、深灰色都是不受欢迎的,因为他们认为紫色代表悲伤、绿色是不祥之兆;关于数字,日本人禁忌4、42、13,因为"4"在日语中发音与死相同,"42"则是死的动词形。

再来看看中东地区的客户。与其他地方不同的是,中东地区天气较为炎热,服饰以夏装为主,一年四季都是夹脚凉拖。颜色上,绿色最受欢迎,其次是白色、灰色、咖啡色以及金光闪闪、珠光宝气的风格;数字上,认为"5"会给人们带来"吉祥","7"则是个受人崇敬的完整数字。阿拉伯人很重视包装,商品的包装一定要精美,包装上最好不要出现中文;另外,如果包装上有女性的话,着装不能太暴露。

欧美各国对颜色的喜好也有所区别，比如英国人把蔷薇作为国花，他们喜欢淡雅色彩，但对绿色十分反感，英国忌讳大象图案和用人像作为商品装潢；而法国人对红、黄、蓝均喜欢；俄罗斯人则偏爱红色，白色表示纯洁温柔，绿色代表和平希望，粉红色是青春的象征，蓝色表示忠贞和信任，黄色象征幸福和谐，紫色代表威严与高贵，黑色是肃穆和不祥的象征；美国人多喜欢鲜艳的颜色，并且认为白色能够带来好运。各个国家对颜色的喜好不同，不同颜色的象征意义也不同，因此在选择颜色时要有所考虑。除了颜色，欧美国家对数字的喜好也与我国不同，比如我们因为谐音不喜欢"4"，因为象征着顺利而偏爱"6"，但欧美国家恰恰相反。在英语国家中因为"4"（four）的发音与"for"一样，因此特别受欢迎，在德国同样如此，德国的"4"发音为"vier"，与"viel"（多）发音一致，代表越来越多，所以倍受欢迎；而"6"在很多国家并不受欢迎，比如泰国人的"6"发音"浩"是泰语下降、下落的意思，而在印度"6"代表疾病。现在在我国网络用语中非常流行的"666"，在西方社会象征着"魔鬼数字"，因为"666"是撒旦的代表。

所以在跨境电子商务中要注意不同国家、不同地区、不同民族的禁忌和喜好，才能避免踏入"雷区"，不至于莫名其妙地流失客户。

任务一　跨境电子商务店铺的装修

【任务导入】

装修店铺是跨境电子商务出口平台提供给供应商的全球企业展示和营销的网站，助力供应商开启全球网上贸易。店铺除了提供公司及产品的信息展示，更着重突出企业自身的营销能力，提供更灵活的页面结构及更多自定义内容。在学习了关于商品的知识之后，接下来我们就一起进行店铺装修的学习。

【学习目标】

知识目标

1．掌握店铺装修的定义和作用。
2．了解店铺装修的标准和方法。
3．了解店铺装修的审美准则。

能力目标

1. 能说出店铺装修的定义和作用。
2. 能进行简单的店铺装修。

1. 店铺装修的定义和作用

（1）店铺装修的定义

店铺装修，顾名思义就是在速卖通、Wish、敦煌网、亚马逊等跨境平台允许的结构范围内，通过图片、视频、程序模块等让网店更加美观。

（2）店铺装修的作用

优秀的网店一定有优秀的店铺装修，而优秀的店铺装修能起到以下作用：对于新生网店来说，良好的装修能提高买家对店家的信任度；经过良好装修的网店能给买家留下美好的印象；合适的店铺装修能很好地匹配商品风格，提高买家的购买率；好的店铺装修能增加买家在网店的浏览时间。

2. 店铺装修的标准和方法

与大多数国内电子商务平台相似，跨境电子商务平台的店铺也主要分为店招、首页焦点轮播图、主营类目、橱窗展示、推荐模块、商家信息等。

（1）店招

店招，是店铺给人的第一印象，主要展示公司LOGO、标语等信息。好的店招不仅能吸引用户的眼球、带来订单，同时起到品牌宣传的作用。网店的店招表现形式与作用与实体店铺的区别较大，实体店铺的店招是为了拉拢来来往往的客户，面对的是直接客户；而网点的店招主要是为了客户的留存，让客户产生视觉印记。因此店招的设计无须过于花哨，而是力求能够让消费者记忆深刻，如图4.1所示。

图4.1 跨境电子商务店铺的店招

这是速卖通平台上非常有名的一家店铺，名叫"SeaKnight"，主营海钓产品，店招非常简约，采用金属黑作为背景，只放上了LOGO和标语，很容易让消费者加深对品牌的印象。

(2) 首页焦点轮播图

首页焦点轮播图，又称首焦图，一般 4～6 张，用于企业形象宣传、产品推广及活动推广，在有限的范围内，展示更多、更加丰富的图片信息，有助于减少买家浏览页面产生的视觉疲劳，提高吸引力，如图 4.2 所示。

图 4.2　跨境电子商务店铺的首焦图

(3) 主营类目

主营类目是指向在首页浏览的买家展示主要经营的产品类型，便于买家匹配自己的需求，如图 4.3 所示。

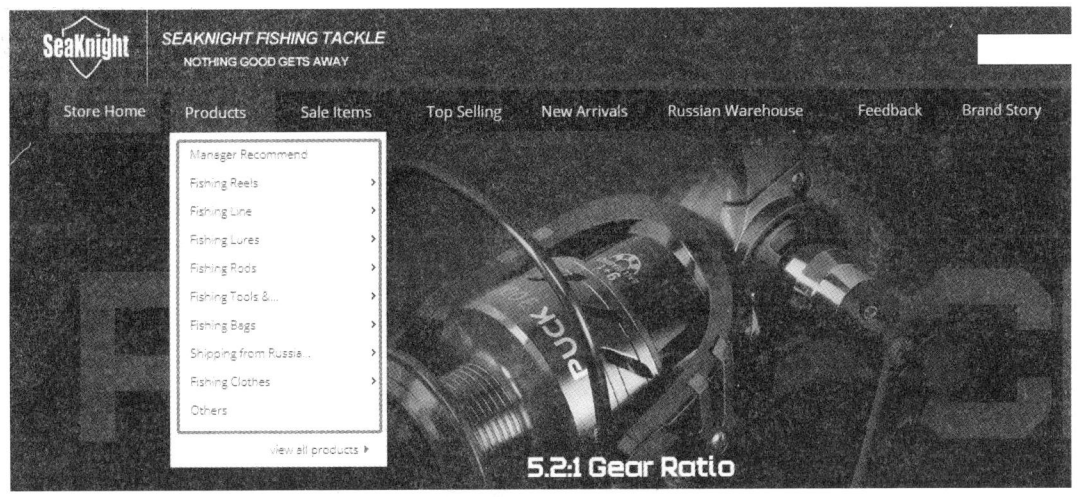

图 4.3　跨境电子商务店铺的子类目

(4) 橱窗展示

橱窗展示是指产品列表，一般是为了展示重点推广的产品类型、精美图片以及以更详细地描述向买家推荐公司的核心产品，帮助买家快速地选择，如图 4.4 所示。

图 4.4　跨境电子商务店铺的橱窗展示

（5）推荐模块

推荐模块主要是用于向买家推荐产品（图 4.5），可根据售卖商品的不同定义不同的产品营销模块，诸如"新品推荐""库存促销""圣诞专供"等。

图 4.5　跨境电子商务店铺的推荐模块

(6) 商家信息

以图片、视频及企业简介文字的方式向买家直观地介绍企业，向买家展示公司实力。一般会在页面的主菜单或者页面的底部，如图 4.6、图 4.7 所示。

图 4.6 跨境电子商务店铺的商家信息

图 4.7 跨境电子商务店铺的商家信息

3. 店铺装修的审美准则

虽然不同店铺有各自不同的装修风格，但一般遵循以下通用原则。

（1）特色鲜明

一个网店的用色必须要有自己独特的风格，这样才能显得个性鲜明，给买家留下深刻的印象。

（2）搭配合理

店铺页面设计虽然属于平面设计范畴，但与一般的平面设计不同，它除了要遵循常规的艺术规律以外，还要考虑消费者的心理和使用者的操作习惯。

（3）讲究艺术性

店铺装修设计也是一种艺术活动，因此它必须遵循艺术规律。在考虑到网店本身特点的同时，按照内容决定形式的原则，大胆进行艺术创新，从而设计出既符合网店要求又有艺术特色的网店。

（4）注重细节修饰

行百里者半九十，细节决定成败。有些细节虽然不起眼，但一个疏忽可能就会毁掉整个店铺的装修。在把握整体装修风格的大方向时，不要放弃在各个细节部分的精益求精。

【任务练习】

1. 在跨境平台上搜集五个不同店铺，并分析它们的设计风格。
2. 根据学到的知识使用 Adobe Photoshop，选择一家店铺，为其设计一个店招和四张首页焦点图。

任务二　商品的标题与关键词选取技巧

【任务导入】

商品是店铺运营的关键，我们在学习完店铺的装修之后，就要开始把商品上架，可是在竞争激烈的网店平台中，可能有几家甚至几十家店铺与你所卖的商品相同。如何让买家在成百上千的商品中搜索并选择你的商品，应该从哪些地方着手让消费者找到你的商品呢？接下来我们就一起学习商品标题和关键词的优化技巧。

项目四　跨境电子商务商品的销售

【学习目标】

知识目标

1. 掌握常见的商品标题的撰写方法。
2. 了解卖家搜索排名的规则。
3. 掌握撰写关键词的方法。

能力目标

1. 能够根据商品特点进行标题的撰写。
2. 能进行关键词的撰写。

1. 商品的标题

商品的标题不是简单的商品名称，也不是直接将中文翻译成英文，而是要力求简洁、直观地表现出产品的特征。

商品的标题必须开门见山、直接明了、准确地描述你的产品。用简单的几个词描述、概括产品的特征就足够了。标题过长，用户可能看不到完整的标题，反而会降低用户体验。同时与国内电子商务平台不同的是，国内很多平台卖家为了吸引消费者往往剑走偏锋在标题里填上"超级便宜、特别好"等词，或者是用很多叹号和星号；但是跨境平台面对的用户是欧美人群，国外客户的思维还是比较直接的，把噱头类的词放进标题，不仅会浪费标题的次数，还可能会引起欧美用户的反感。所以，写标题，直接写产品本身的特征就行了。

另外，在标题中要注意中英文的区别。有些词汇，在翻译成英文后会带有明显的歧视意义，这类词汇不要出现在标题中。比如，卖大码服饰类的，会出现"Fat"这个词。

此外，像儿童类的产品，会有Infant、Kids、Teen等词汇，虽然这些词都是针对儿童的，但是这些词在年龄阶段上还是有差异的。所以，如果卖家的产品受众是明确的一类群体的话，那要在标题中明确产品信息。

（1）标题组成的内容

①关键词的组合

关键词包含宽泛、精准、长尾关键词。在标题的设置中，关键词的选择一定要精准，为了涵盖更多的搜索，标题中不妨加入相关度较高的宽泛关键词和长尾关键词。比如"手表"（Watches）是一个宽泛关键词，"男士手表"（Men's Watches）是一个精准关键词，而"男士军用手表"（Men's Military Watches）则是一个长尾关键词，随词语范围缩小，有进一步精准的趋势。收集整理这三类关键词，根据实际筛选最有效的词语，布局在标题中。

②**品牌或商标**

现在跨境出口平台越来越注重品牌，很多流量重点倾斜品牌卖家，也可直接防止被人跟卖。虽然之前一直强调：重品牌、轻店铺（现在也是重品牌），但有品牌的卖家，可以对自己的店铺进行装修和编辑。

③**商品属性或适用性**

标题最后一部分基本补充产品相关的材质、尺码或者颜色信息即可，丰富产品信息，从而提高买家对产品的认知度。比如3C数码产品，很多产品是有支持的设备对象（兼容性）的。通常支持设备用连接词 for，后面就是该产品所支持的相关设备。

（2）平台对标题的规范

与淘宝等国内电子商务平台不同，跨境电子商务平台，尤其是海外的跨境电子商务平台对商品标题的命名要求是不同的，以亚马逊为例，主要有以下要求：

第一，每个字的首字母必须大写（除了 a、an、and、or、for、on、the 之类的词），不能全大写或者全小写。

第二，不能有任何特殊字符或者标点符号（!、￥、&…），不能在中文输入法状态下输入任何内容；如有数字描述，请用阿拉伯数字，不要使用文字，例如要写 2 而不是 Two。

第三，如含批量销售，请在商品名称后面添加 pack of ××。

第四，简明扼要，不能过长（单个上传不能超过 250 个字符，批量上传模板里不能超过 500 个字符：1 个英文字母、1 个标点或者空格算作 1 个字符，实在写不下的，放到搜索条件里面）。

第五，标题首位是品牌名，如果是无品牌商品，请将首位的品牌写为你将来要做的。

第六，不要出现过多的产品细节（如多型号商品，建议不要超过 3 个型号），可以在描述或者产品特性中进行补充。

第七，不能有公司、促销、物流、运费或其他任何与商品本身无关的信息，例如："包邮"（Free shipping）、"最好的卖家"（Best seller）。同时需要注意：商品命名一定要避免侵权问题。

2. 跨境电子商务平台搜索排行的规则

在跨境电子商务平台上，搜索的排名是要将最好的商品、服务能力最好的卖家优先推荐给买家，所以谁能带给买家最好的采购体验，谁的商品就会排序靠前。因此，商品的排行对销量会有很大的影响，所以商家会利用平台的规则尽可能地提升排名。决定卖家搜索排名的主要有以下几个因素。

（1）商品信息描述

商品信息的如实描述，商品描述信息尽量准确、完整。商品的标题、发布类目、属性、图片、详细描述对于买家快速做出购买决策来说都非常重要，所以务必准确、详细的填写。

标题是搜索上面非常关键的一个因素，卖家务必在标题中清楚地描述商品的名称、型号以及关键的一些特征和特性，让买家一看就清楚地知道您卖的商品是什么，从而吸引买家进入详情页进一步查看。

发布类目的选择一定要准确，切忌不要将自己的商品放到不相关的类目中，这样不但买家搜到的概率比较小，情况严重甚至会受到平台的处罚。

商品的属性填写一定要尽量完整和准确，因为这些属性将帮助买家快速地判断您的商品是不是其想要的商品。

详细描述的信息一定要真实、准确，最好能够图文并茂地向买家介绍商品的功能、特点、质量、优势，帮助买家快速地理解。商品图片实物拍摄，美观、整洁、大方的页面排版设计，都会吸引买家的眼球，增加商品成交的机会。

（2）商品与买家搜索需求的相关性

相关性是搜索引擎技术里面一套非常复杂的算法，也就是商家设定的关键词与买家实际需求的相关程度的匹配度。

标题的描写要符合海外买家的语法习惯，没有错别字及语法错误。更要避免关键词堆砌，比如"MP3, MP3 Player, Music MP3 Player"这样的标题关键词堆砌不能帮您提升排名，反而会被搜索降权处罚。标题中切忌出现虚假描述，比如卖家销售的商品是MP3，但为了获取更多的曝光，在标题中填写类似"MP4/MP5"字样的描述，此类虚假的描述会影响您商品的转化情况，得不偿失。

（3）商品的交易转化能力

商品的交易转化能力是指一个商品曝光的次数以及最终促成了多少成交量。转化高代表买家需求大，有市场竞争优势，从而会排序靠前；转化低的商品会排序靠后甚至没有曝光的机会，逐步被市场淘汰。符合海外买家需求、价格/运费设置合理且售后服务有保障的商品会为商品增加交易量和提高好评率，有助于帮助买家快速地做出购买决策，会排序靠前。如果一个商品买家的评价不好，会严重地影响商品的排名。

部分商家为了提升名次，有时会铤而走险，比如恶意注册多个账号发布相同商品进行销售；将同一件商品恶意发布为多个商品进行销售；订单链接、运费补差价链接、赠品、定金、新品预告等商品作为特殊商品存在于网站上面，但没有按规定放置到指定的特殊发布类目中；发布偏离商品正常价值较大的商品，在默认和价格排序时，吸引买家注意，骗取曝光；以超低价格发布商品，同时调高运费价格，吸引买家注意，骗取曝光。这些抱着侥幸的心理去尝试作弊提升曝光和排名的做法是不可取的，一旦被发现将会受到严重处理。

（4）店铺的服务延展力

商品质量是衡量店铺的第一标准，但是电子商务平台或者店铺想要更好地发展，其服务延展力也是非常关键的。服务延展力包括卖家的服务响应能力、订单的执行情况以及订单的纠纷、退款情况，这些都会影响卖家的好评率。

卖家发布商品进行销售，承诺了发货时间，就应该兑现对于买家的承诺。无货空挂、拍而不卖的行为将对买家的体验造成严重的影响，也会严重影响卖家所有商品的排名情况，情节严重的卖家所有商品将不能参与排序。如果为了规避拍而不卖而进行虚假发货的行为，视为欺诈行为，将受到更加严厉的处罚。

卖家在发布商品进行销售时，应该如实描述，向买家真实、准确地介绍自己的商品，保证商品的质量，避免买家收到货以后产生纠纷、退款的情况。如遇到买家有不满意的时候，应该提前积极主动与买家沟通、协商，避免纠纷的产生，特别是要避免纠纷上升到需要平台介入处理的情况。对于纠纷严重的卖家将会受到搜索排名严重靠后甚至不能参与排名的处罚。

卖家的好评率直接代表着交易结束后买家对于商品、卖家服务能力的评价，是买家满意与否的最直接的体现。

3. 关键词写作方法

很多卖家在填写关键词时往往因为不得要领而简简单单地填写几个关键词了事，作为卖家一定要明白的是，关键词是为"算法"和"推送"服务的。要理解关键词的意义，首先要从跨境电子商务平台的运营逻辑来思考，设置的关键词是给机器阅读的，是让机器通过抓取你的关键词，然后把你的产品推送到潜在的消费人群面前，想明白这一点才能做好关键词的设置和优化。

一个好的精准的关键词必须精确且和产品相关。对上传的每个产品设置的非阶层性的关键词或术语，有助于描述一件产品并使它能够被分类及通过浏览被再次找到。

作为卖家需要考虑的是，你的产品适用于什么样的群体，这个群体有什么样的属性，他们对你所售的产品的品质诉求是什么，当你能够如此一层层分析下去、剥茧抽丝，你就会发现一系列的关键词产生了，你再把这些关键词组合起来，你所售产品的潜在客户群体就能一目了然。

但是，我们也不要忽略了另外一点，那就是平台可以展示内容的局限性。也许平台能够从记录的关键词中得出结论，为用户推荐一个合适的鱼竿，而用户偏偏已经购买了专业的鱼竿，现在是想为初学的朋友推荐一款入门级产品，而这些在原有关键词中是抓取不到的需求信息。当用户想从平台来购买时，又必然恢复到搜索关键词，而此时单纯的标签显然就会错失一些潜在的展示机会。

所以，产品设置关键词，应该以产品维度＋产品关键词的方式设置更适宜，可以选择类目词、产品属性词、修饰词、综合用词、长尾词、场景词等。

（1）类目词（一级、二级、三级，如图4.8所示）

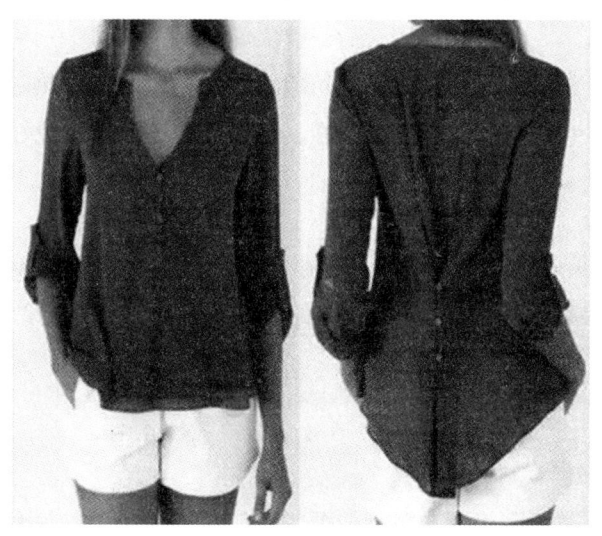

图4.8　商品的类目词

Chiffon Top：雪纺上衣，这个词属于类目词，在众多女装中，你卖的是什么类型？裙子还是裤子？这是标签的第一个关键词，你需要告诉买家，你卖的是什么。

Chiffon Shirt：雪纺衬衫，这个词属于对第一个词的细分和补充，解释了卖的是哪一种类型的雪纺衫，也可以说是 Chiffon top 的另一种叫法。

Deep V Neck Blouse：深V领衬衫，这个词属于三级类目词，它将产品的范围进一步缩小，精细到它的设计特点。

（2）产品属性词

Sexy Blouse：性感上衣，产品属性词，解释了这款产品的风格。

Long Sleeves Blouse：长袖上衣，产品属性词。

Slim Waist Shirt：收腰衬衫，产品属性词，从各个特点说出产品的特色。

（3）修饰词

Women's Fashion：女性时尚，这个属于修饰词，虽然看起来比较广泛，精准度和转化率不高，但这个词的使用热度高，可以当作大范围引流词。

（4）综合用词

Button Blouse：纽扣衬衫，这个属于产品的属性词，虽然不那么重要，但也算产品的一个设计特点。

Chiffon Shirt Top：雪纺衫，在这里把第一关键词和第二关键词结合起来，属于宽泛词。

V Neck Shirt：V 领衬衫，产品属性词，根据用户搜索习惯把 blouse 换成了 shirt，进一步扩大范围。

（5）长尾词

可以由 2~3 个词组成，甚至短语也可以。最好选用一些非热门的词，转化率往往要比一般的关键词高。它可以有更强的针对性，比如性能、用途、爱好等。

（6）场景词

场景词就是关联词，比如我们前面提到的雪纺衫，它的场景词可以使用"date、party"等单词。如果有用户在找 party 上用的装饰，恰好看到你的产品，就可能会点击进去查看。

4. 常见产品品类的划分

以敦煌网为例，敦煌网将平台各行业分为十三个经营品类，每个店铺只允许选择一种品类绑定经营。十三个经营品类下包含一级类目 25 个、二级类目 284 个，经营品类绑定后不可修改。

A 类：计算机和网络、手机和手机附件、消费类电子、数码相机和摄影器材、电玩游戏、安全与监控。

B 类：服装。

C 类：表、珠宝、时尚配件。

D 类：鞋类及鞋类辅料、箱包及箱包辅料。

E 类：婚纱礼服。

F 类：健康与美容、美发制品。

G 类：母婴用品、玩具与礼物。

H 类：运动与户外产品。

I 类：家居与花园、商业及工业。

J 类：照明灯饰。

K 类：汽车、摩托车。

L 类：乐器。

M 类：其他产品。

【任务练习】

1. 从跨境电子商务平台中找到十个商品的标题，翻译成中文，并列出其标题的组成内容。

2. 跨境电子商务平台搜索排名的规则是什么？
3. 从跨境电子商务平台上找到十个商品，分别分析它们的关键词是哪一类关键词。

任务三　商品信息页面的优化与上传

【任务导入】

商品在确定好标题、设置好关键词之后，我们还没有完成商品的上架工作。我们知道商品上架的目的是销售，销售除了清晰的标题外，更多消费者关注的是商品的页面是否精美，最重要的还是价格。因此，我们接下来就学习如何给商品定价。

【学习目标】

知识目标

1. 了解商品定价的原则。
2. 了解商品图片的要求。
3. 了解商品上传的流程。

能力目标

1. 能说出商品图片的要求。
2. 能进行商品的上传。

1. 商品定价策略

电子商务平台上的每一个字符、符号、图片都可以成为引导消费者购买的因素，因此价格是否合理、能否让消费者提起购买欲望是商家需要考虑的问题。一般情况下，我们有尾数定价、整数定价、差别定价、分割定价四种常见的定价方法。

（1）尾数定价

很多买家都喜欢吉利的数字，所以我们可以把商品价格定为接近整数的吉利数字。该定价法主要适用于价格比较高或买家对价格比较敏感的商品。要注意与中国消费者不同，末位为8或者6的价格海外买家一般不太感冒。同理，末位为4的价格也不会引起对方的反感。具体定价方法视买家国别而定，比如欧美买家更喜欢777这样的价格。

例如，把100元的价格定为99元，80元的价格定为77.7元。

（2）整数定价

整数定价会给买家大气的感觉，适用于商品价格较低或买家更注重质量而对价格不敏感的商品。

例如，把26元每个的商品定价为50元2个，105元的商品定价为100元。

（3）差别定价

根据数量差别、买家差别、时间差别、地点差别制定不同的价格。

数量差别是指买得越多、价格越低；买家差别则根据买家在店铺的等级来差异定价；时间差别针对时令商品如服装，按不同时间段定价；地点差别是指不同国家与地区间定价不同。

（4）分割定价

分割定价是指把单价很高的商品在数量上化多为少，从而使"高价"变成"低价"。

例如，一箱100元5公斤的商品，定价为一包20元每公斤。

2. 页面图片的选择与优化

在商品上架的过程中，选择漂亮精美的商品图片非常重要。商品图片的好坏直接决定了客户对商品的第一印象，进而影响到商品的销售。

对于商品图片的选择，我们可以通过互联网查找已经美化好的相同商品的图片，也可以通过对实体商品采用数码相机拍摄后，再使用美工软件进行图片美化。切忌随意拍摄后就把商品图片直接上传使用。只有做好图片的拍摄和美化，以超强美感的图片打动消费者，才能激发消费者的购买欲。下面以Wish平台的要求进行阐述。

（1）产品主图

主图的背景必须是纯白色（Wish搜索和产品详情界面也是纯白的，纯白的RGB值是255、255、255）。

主图不能是绘图或者插图，而且不能包含实际不在订单内的配件、道具。

主图不能带LOGO和水印（产品本身的LOGO是允许的）。主图中的产品最好是占据图片85%左右的空间。

产品必须在图片中清晰可见。如果有模特，那么模特不能是坐姿，最好站立。如果要使用模特就用真人模特，不能使用服装店里的那种模型模特，不能包含裸体信息。

（2）产品辅图

辅图应该对产品做一个侧面的展示、产品使用的展示，或对在主图中没凸显的产品特性做补充。

辅图不能带 LOGO 和水印（产品本身的 LOGO 是允许的）。

产品必须在图片中清晰可见。如果有模特，那么模特不能是坐姿，最好站立。如果要使用模特就用真人模特，不能使用服装店里的那种模型模特，不能包含裸体信息。

（3）图片尺寸

图片的长度或者宽度任意一边大于 1000 像素时，该图片就可以有图片放大功能。

图片的最短边如果小于 500 像素，上传时会被 Wish 系统直接拒绝。

（4）图片格式

JPEG、TIFF、GIF 等格式的图片均可以在 Wish 上传（推荐 JPEG 格式的图片，这个格式的图片上传时速度更快）。

3. 商品上传的流程

上传商品是店铺运营最基本的流程，在我们准备好各种资料之后，就可以进入平台的后台进行商品的上传。大部分平台的后台上传流程是相似的，下面我们以 Shopee 平台的上传流程为例进行商品上传的演示。

（1）单个商品上传流程

首先进入卖家平台后台，在"My Products"页面，单击"Add a New Product"，进入商品发布页面，如图 4.9 所示。

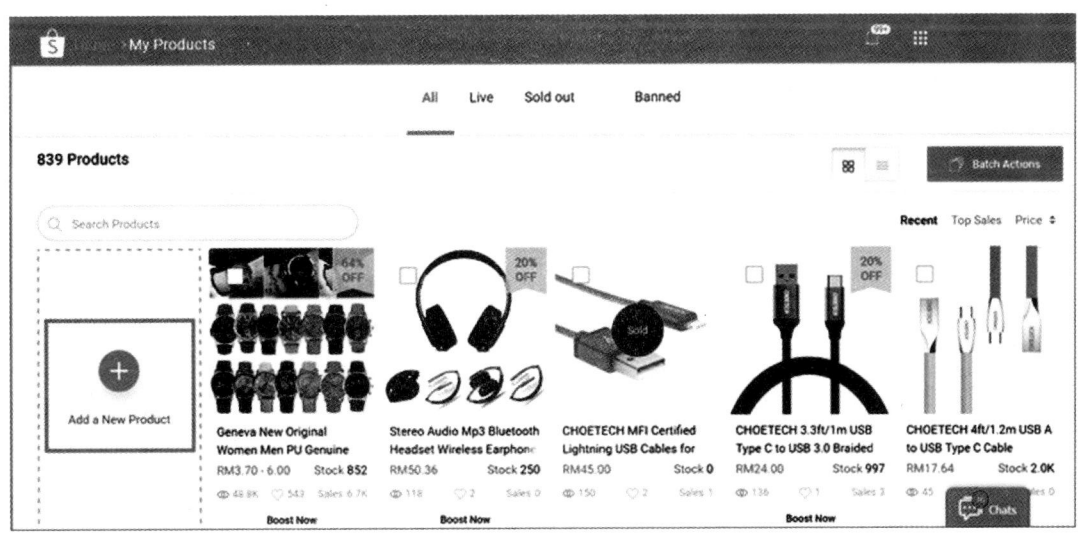

图 4.9　卖家后台

其次，上传商品图片，如图 4.10 所示。

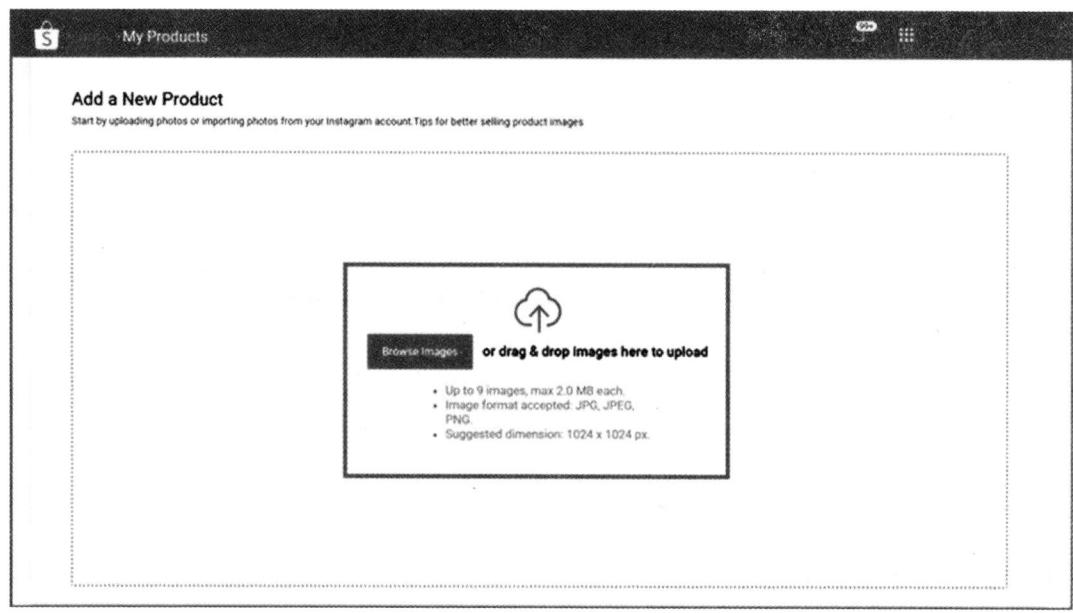

图 4.10 上传图片

产品图片的规格要求：

最多上传 9 张照片，每张尺寸不得超过 2.0 MB。

商品文件格式：JPG/JPEG/PNG。

照片建议尺寸：800×800。

再次，填写商品信息，如图 4.11 所示。

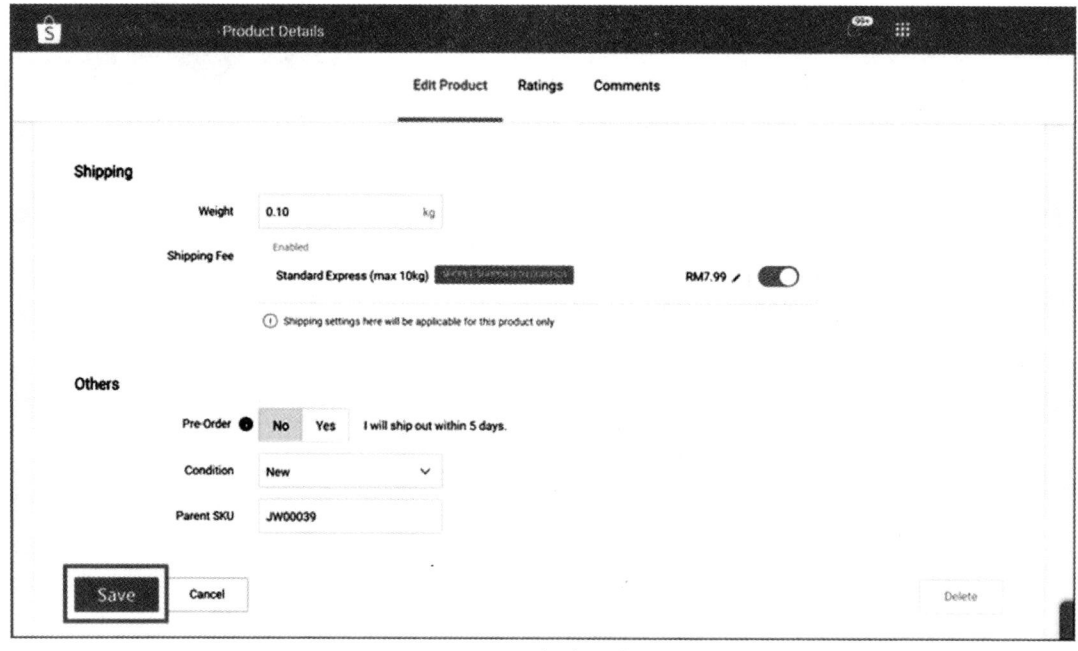

图 4.11 添加商品信息

最后，单击左下角"Save"按钮刊登产品。

（2）批量商品上传

首先进入"Add New Products"，如图 4.12 所示。

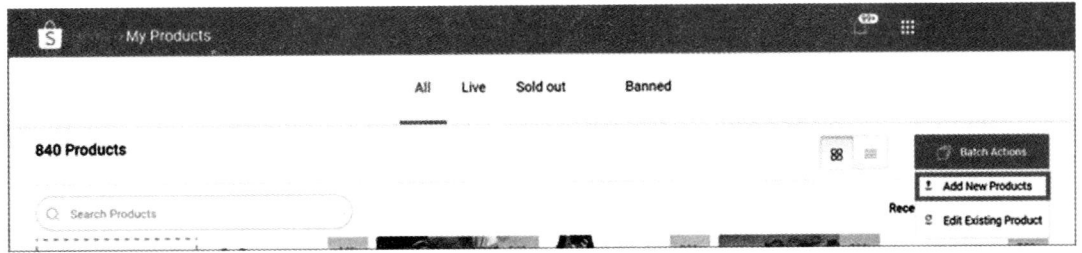

图 4.12　批量上传

将导出的 excel 文件（商品上传表格）拖到上传位置，文件会自动上传，如图 4.13 所示。

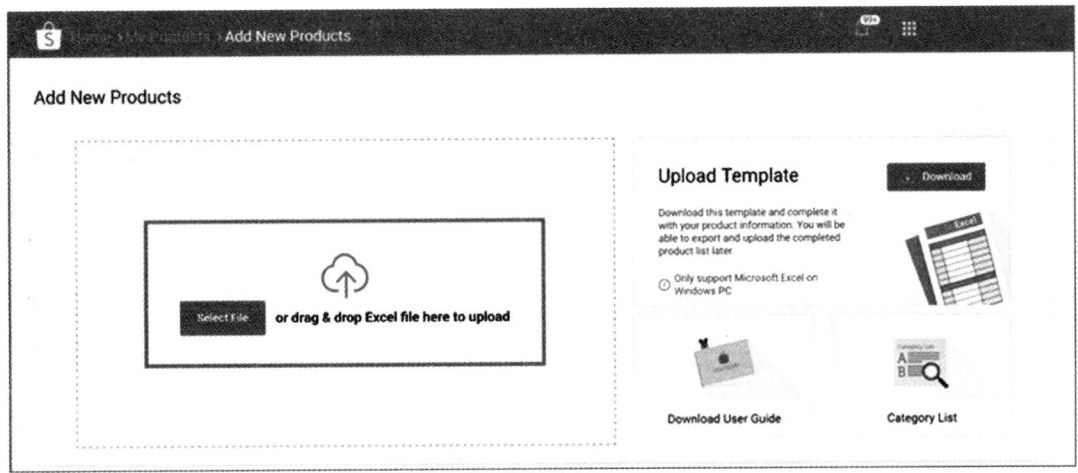

图 4.13　批量导入

编辑商品信息（Edit Product Info）（注：如果 Shipping fee 为 0，说明物流选项尚未打开，请设置好产品运费之后再进行产品上传），如图 4.14 所示，确认无误后点击右上角"Save All"继续下一步图片抓取。

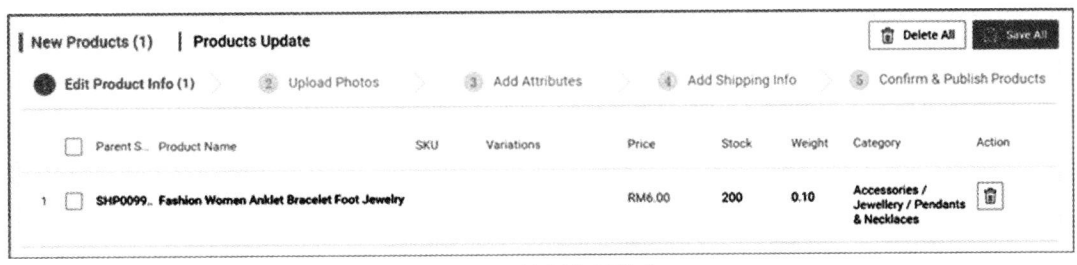

图 4.14　编辑商品信息

上传图片（Upload Photos）（可单张添加产品图片，也可以将产品图片上传至图床，然后添加产品图片 URL 到上新表进行产品图片上传），如图 4.15 所示。

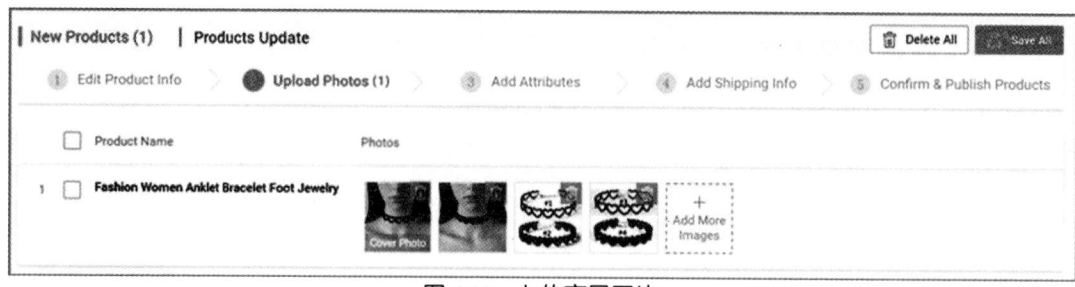

图 4.15 上传商品图片

添加属性（Add Attributes），如品牌（Brand）、尺寸（Size）、材质（Material）等，如图 4.16 所示。

图 4.16 添加商品属性

图片抓取完成后，进入"Confirm & Publish Products"页面，单击右上角"Publish All"即可发布商品，如图 4.17 所示。

图 4.17 发布商品

4. 简单的店铺运营流程

下面我们以敦煌网为例带领大家进一步熟悉店铺的运营流程。

（1）产品信息准备与录入

产品信息准备与录入是指填写详细的产品信息，包括产品信息描述、产品销售信息、其他信息。

（2）产品名称

产品名称要清楚、完整、形象。在关键词栏目中多填入一些可以让买家在查找物品时会搜索到的词语。可以输入中文标点符号，其会自动转化成英文标点符号，最多可输入140个字符，如图4.18所示。

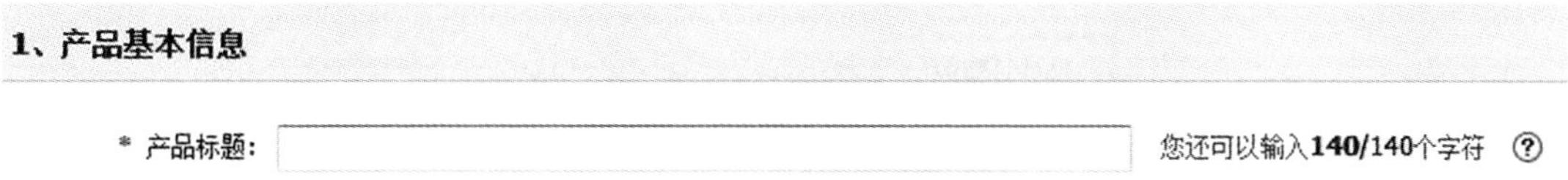

图4.18　添加商品标题

（3）产品基本属性

设置完整的产品属性有助于买家找到你的产品，如图4.19所示。

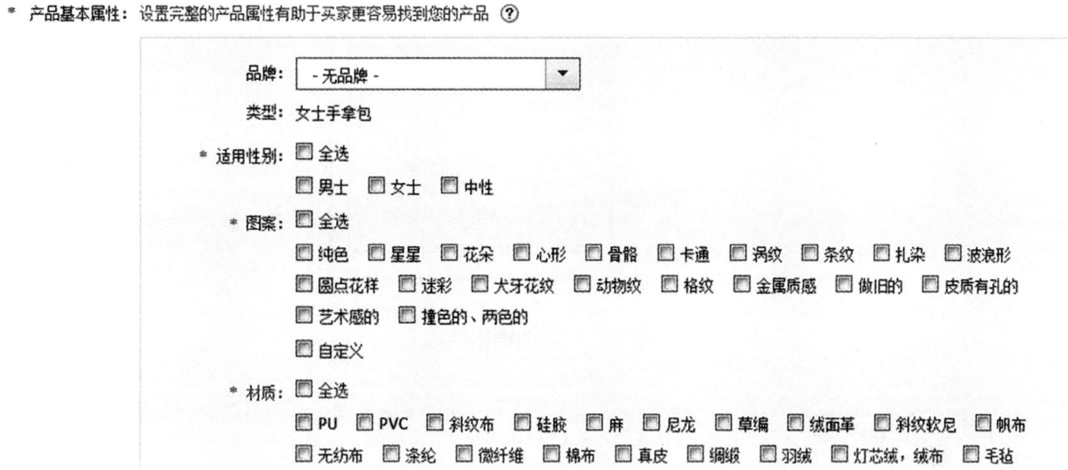

图4.19　添加商品属性

（4）产品规格

产品规格是对产品名称中不能体现的产品参数信息的补充，具体是指产品参数，如颜色等（图4.20），对于买家选择产品很重要。

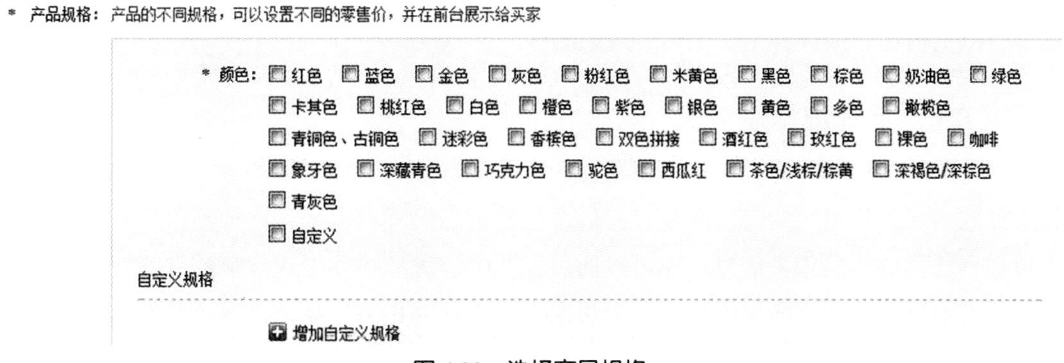

图4.20　选择商品规格

（5）产品销售信息

销售计量单位：件、套等单位，选择好单位后选择备货状态以及备货数量，如图4.21所示。

图4.21 添加销售信息

（6）价格设置

敦煌网可以针对同一产品的不同数量区间，分别设置各个数量区间的不同报价和交货期；如果同一产品还有不同的规格，也可以对不同的规格在不同的数量区间设置各自的价格和交货期。

（7）产品图片

上传产品之前要将图片准备好，系统会自动生成水印防止其他人盗用，"本地上传"最多可以上传8张图片，图片上传后可以删除。

（8）产品详细描述

将在产品名称和规格说明中不能覆盖的产品信息进一步详细地展示给买家，将买家比较关注的产品的特色、功能、服务、包装及运输信息等展示出来，让买家可以一目了然地了解尽可能多的产品相关信息。还可以通过一些个性化的描述展现卖家的专业性，如制作模板、敦煌网相关产品的站内链接，向买家展示更多的相关产品，进行自我促销，引起买家的兴趣。详细描述中有5万个字符空间，支持HTML语言。

详细描述中不能出现敦煌网以外的链接，禁止出现任何形式的联系方式，如邮箱、公司网址、网络电话等。

（9）产品包装信息及运费设置

包装尺寸：输入长、宽、高。

运费设置：通过"管理运费模板"进行运费的设置。

敦煌网支持的快递公司有：EMS、UPS、DHL、FEDEX、TNT、China Post Air、China Post SAL。

设定运费包括标准运费和免运费两种形式。

标准运费：敦煌网按照各物流服务提供商给出的官方报价计算运费。决定运费的因素通常为：货物送达地、货物包装重量、货物体积重量。

免运费：运费为零，可以选择免运费的国家，即针对某些特定的国家免运费。

（10）查看订单

登录敦煌网后，进入"我的DHgate"，单击"我的订单"，即进入订单信息页面。卖家可以通过"执行中的订单、未付款的订单、纠纷中的订单、已取消的订单、交易关闭的订单、已完成的订单"查看不同的订单信息，并填写订单执行情况，与买家沟通交流，订单执行完毕后还可以对买家进行点评。

（11）确认订单

如果卖家确定执行订单，要在货款已经确认收到后48小时内做出回应，并单击"开始备货"。超过48小时卖家将不能继续执行订单，那么敦煌网将确认卖家不执行订单，将会执行退款操作，并且通知买家订单取消，此产品也会自动下架。

在备货期到来之前，按时发货（备货期是由卖家自己确定的，要根据自身的实际情况来填写。备货期是从订单列表信息中的"付款日期"之日开始）。如果到了发货期卖家还没有发货，敦煌网将会发邮件告之卖家将要执行退款给买家的操作。

货物要按正确的地址来邮寄，并保存好货运底单。在发送货物之后，及时到订单里填写货运跟踪单号。例如，自定的发货期为3天，那么一定要在3天内发货后及时填写货运单号，证明已经发送了货物。如果在限期内没有填写货运单号，将被视为没有在发货期内发货，系统会退款给国外的买家。当国外客户说没有收到货物时，这个货运跟踪单号也可以提供一个证明，保障双方的利益。

（12）收款，完成交易

当卖家通过"货运单号"查到货物已经妥投之后，可以在"我的DHgate"→"我的订单"→"待处理订单"→"已发货"里找到此订单，单击"请款"按钮（请款按钮是在正确填写货运单号之日起5天后出现，请款只能申请两次，且两次请款间隔至少3天）。

敦煌网会在一个工作日内审核，核实此订单没有任何问题之后，例如国家、时间、邮编和签收人信息一致，平台会发催点信给买家，买家3天之内没有提交纠纷，则订单完成；否则，卖家的请款将被拒绝，订单会被延迟放款，届时卖家可以在"我的DHgate"→"我的订单"→"待处理订单"→"已发货"里看到订单自动完成的时间。

如果买家在收到货物之后确认无误，登录后台，点击"完成订单（complete order）"按钮完成交易，敦煌网将放款并邮件通知卖家。那么，这个时候整个交易就成功了，卖家可以在此时对该订单进行评价。

如果买家由于某些原因提起纠纷，那么要等到纠纷处理后，视情况放款给卖家。所以如果出现纠纷问题，需要卖家积极配合敦煌网进行妥善处理。

【任务练习】

1. 选择一家跨境电子商务店铺，并选中其中一件商品，根据书中的要求为其设计主图。
2. 选择一个平台，完成一件商品的上传。

项目五　跨境电子商务的运营

项目概述

本项目围绕跨境电子商务运营中会员管理、客户服务和营销推广三个方面展开，系统地向大家展示跨境电子商务运营过程中有关会员、客服和营销的相关知识和技能。通过会员概念的介绍、不同类型平台会员划分的方法以及会员制管理三个方面介绍跨境电子商务运营中会员管理的相关内容。在客户服务中，将通过介绍跨境客服的基本工作技能、客户沟通的方法和技巧，并通过客服应答的邮件模板练习使大家掌握跨境客服的基本技能。在营销推广中，列举了常见的跨境营销的方法以及跨境电子商务促销注意事项，并以案例的方式讲述跨境电子商务推广软文的写作技巧和写作方法。通过本项目的学习使大家对跨境电子商务运营有进一步的了解。

案例思考

四海商舟——跨境电子商务运营的护航者

在跨境电子商务高速发展的时代，很多传统贸易商纷纷转型进入跨境电子商务领域，但是由于缺少经验、对规则不了解，在运营中出现了很多问题。但是在这个过程中，一批批跨境电子商务第三方服务商开始出现，为跨境企业保驾护航，创建品牌、开拓市场、提升业务量。四海商舟就是这样一家为跨境企业提供境外市场分析、营销推广、运营支持等一系列服务的跨境电子商务第三方服务商。

四海商舟电子商务有限公司成立于2009年，目前在北京、上海、常州、南京、杭州、宁波、广州、深圳设有研发中心、实施总部和销售机构，并在美国洛杉矶和底特律、德国汉堡、澳大利亚阿德莱德、英国朴次茅斯以及日本名古屋和尾张旭拥有运营中心和仓储物流中心。四海商舟在国内跨境电子商务领域首推"创牌、卖货、分钱"理念，立志帮助中国知名品牌企业和大中型国外品牌定制企业压缩中间环节、建立独立垂直渠道、提升运营效率、完善服务体系，最终帮助企业实现创建自有品牌、掌握定价权的战略目标。经过多年的发展，在家居、时尚、运动户外、3C等九大品类线积累了丰富的运营经验和强大的配套资源，合作外贸企业近100家，其中上市公司14家，同时为20家外贸企业提供管理咨询业务，已有中外员工近 300 人，是跨境出口电子商务领域内规模最大、产品线最完善的服务提供商。

四海商舟根据不同客户的需求，将标准化服务流程打散，进行组合模块化整合，提供个性化服务。利用社交网络、搜索引擎技术从消费者行为分析、网络市场调查、目标市场定位和营销策略几个方面制定服务方案，为中国企业走向世界打下了坚实基础。

请大家想一想类似四海商舟这样的第三方服务商的服务体系是如何构建的？四海商舟的整体解决方案中包含了哪些网络营销环节？通过网络寻找与四海商舟类似的企业？

任务一　跨境电子商务的会员管理

【任务导入】

会员制度是现代企业营销的基本手段，会员制度起源于欧洲俱乐部制度，20 世纪 80 年代成为风行欧美的商业促销形式，经历多年发展已逐渐走向成熟。目前在电子商务领域，会员制度成了企业有效联系客户的主要手段。比如，亚马逊于 2005 年推出的 Prime 会员计划如今已成为其稳定的获利来源及三大业务支柱之一，以 Prime 会员收入为主的零售订阅服务，2016 年营业收入达 64 亿美元，同比增加 43.1%。因此对于跨境电子商务的运营者而言，夺会员者夺天下，要想在纷繁复杂的跨境电子商务大战中占有一席之地，会员的数量和质量至关重要。那么，我们应该如何运营会员呢？下面我们就一起学习会员的管理。

【学习目标】

知识目标

1. 了解会员管理的含义。
2. 了解会员等级的划分方法。
3. 了解会员制管理。

能力目标

1. 能列举会员等级的划分方法。
2. 能说出常见的会员制管理。

1. 会员的含义

（1）会员的基础含义

会员制是一种人与人或组织与组织之间进行沟通的媒介，它是由某个组织发起并在该组织的管理运作下，吸引客户自愿加入，目的是定期与会员联系，为他们提供具有较高感知价值的利益包。

会员管理是一个不断加强与顾客交流、不断了解顾客需求，并不断对产品及服务进行改进和提高以满足顾客需求的连续的过程。其内含是企业利用信息技术和互联网技术实现对客户的整合营销，是以客户为核心的企业营销的技术实现和管理实现。客户关系管理注重的是与客户的交流，企业的经营是以客户为中心，而不是传统的以产品或以市场为中心。为方便与客户沟通，客户关系管理可以为客户提供多种交流渠道。

会员管理是对企业会员的基本资料、消费、积分、储值、促销和优惠政策进行信息管理，达到商家和客户随时保持良好的联系，从而让客户重复消费、提高客户忠诚度、实现业绩增长的目的。

（2）电子商务平台会员制

会员制的目标是通过与会员建立富有感情的关系，不断激发并提高他们的忠诚度。一般情况下，会员制组织是企业、机构及非营利组织维系其客户的结果，它们通过提供一系列的利益来吸引客户自愿加入，这一系列的利益称为客户忠诚度计划。而加入会员制组织的客户称为会员，会员制组织与会员之间的关系通过会员卡来体现，会员卡是会员进行消费时享受优惠政策或特殊待遇的"身份证"。

一般情况下，会员制包含以下三大要素。

①会员标识

在传统的会员制中，一般会颁发实名贵宾卡，采用账本记账和给予会员折扣。在网络时代，企业不再耗费成本制作实体会员卡，而是直接让会员自行在网站上注册免费成为会员，并通过各种规则升级为各个等级的会员，获得不同的优惠待遇。

②会员制度

会员一般只要注册个人信息并实名认证就可快速获得初级会员资格，并通过充值、付费升级、消费等各种活动提升会员等级，获得相应的优惠待遇。

③会员工具

会员工具是平台为了提升顾客黏合度、刺激消费者进一步购买商品而根据不同等级会员提供的不同权力，最常见的有会员积分、优惠券、生日特权。随着数据技术的广泛应用，个性化专属定制工具愈发普及。

2. 会员等级的划分方法

等级是网站会员激励的重要手段,主要包括考核标准、升降规则、会员权益三个部分。

考核标准大都是体现会员价值、易于量化和理解的一个指标,例如电子商务的累积购物金额、QQ 的活跃天数,也有网站为了鼓励用户参与,将签到、评价等行为作为考核标准,并建立相应的成长值考核标准。

升降规则是成长值达到一定数值可以自动升级,网站也会设置等级有效期,逾期将会清空此前的成长值(或扣除部分成长值),重新评级。

会员权益是激励会员不断升级的筹码,还可以帮助网站更有针对性地分配资源和服务。

目前,跨境平台的会员制度有以下三种类型。

(1)传统的升降级制度会员,会员等级与经验值相关,如洋码头

洋码头的会员等级划分及升降标准如表 5.1 所示。

表 5.1 洋码头会员等级制度表

会员等级	经验值
普通会员	0—999
白银会员	1000—4999
黄金会员	5000—9999
铂金会员	10000—49999
钻石会员	50000—99999
黑卡会员	100000+

洋码头的升降级要求是从注册开始累计的经验值之和(主要与购物金额相关)决定了等级的高度,等级不同享受的特权也不同。经验值实时更新,若当前经验值达到升级条件,将实时升级。

会员权益包括:身份铭牌(头像右下角图标,用于彰显会员身份,等级不同,对应铭牌显示不同),签到有奖(每日签到可获得抽奖机会,能够抽中 2—888 元面额不等随机优惠券;每连续签满 7 天获得 10 元优惠券,可重复获得),节日权益(节日当天打开 APP、购物,经验值以指定倍率翻倍),一慢就赔(对于使用官方物流发货的所有商品,成功下单并完成支付后,如若平台承诺有效期内送达,每个包裹均可获得平台赠券),先行赔付(买家于签收商品次日起 15 日内,如出现质量问题,与卖家未达成一致时,平台将先行赔付,减少等待时间)。

黄金及以上会员可额外享受线下沙龙(不定期邀请买家参加线下沙龙),铂金及以上会员可额外享受客服优先(咨询师、洋管家优先服务,减少等待时间),钻石级以上会员

可额外享受极速退款（购买优选商品不仅享有一慢可退，还可拥有"质量问题极速退款"的特权），黑卡会员可额外享受免费试用（无门槛免费申领试用装）。

（2）付费会员体系，如网易考拉

279元付费获取365天黑卡，到期不续费自动失效，成为普通用户。

付费会员的特权：自营折上折（自营商品立享9.6折，自营9.6折可与优惠券、限时购等一切优惠活动叠加使用），黑卡专享价（尊享自营商品专项特价，以更优惠的价格购买精选商品，且可与9.6折权益、优惠券等叠加使用），税费券、运费券（开卡当月及往后12个月，每月各发放2张税费券仅限自营商品使用，每张面额10元，累计发放13个月，共52张，总价值520元），黑卡专享券（比普通优惠券折扣力度更大，还可与会员折扣叠加使用；不定期发放，如大促活动、会员日时），售后无忧（无须排队，享受优先通道；专属客服，享受专享贵宾专线优先通道，无须排队；极速退款，退货退款优先处理，加快退款流程）。

（3）普通会员+付费会员体系，如小红书

普通会员根据收藏、发笔记、发视频、获赞等形式升级，具体如表5.2所示。

表5.2 小红书会员等级制度表

会员等级	达标要求
尿布薯	点赞、收藏、评论各一次
奶瓶薯	发布1篇笔记获得5个收藏或10个赞，或者发布1篇话题笔记
困困薯	累计发布3篇笔记，每篇获得5个收藏或10个赞，或者累计发布3篇话题笔记
泡泡薯	累计发布5篇笔记，每篇获得10个收藏或50个赞，其中1篇为参加话题活动的视频笔记
甜筒薯	累计发布12篇笔记，每篇获得10个收藏或50个赞，其中3篇为参加话题活动的视频笔记
小马薯	累计发布50篇笔记，每篇获得10个收藏或50个赞，其中5篇为参加话题活动的视频笔记
文化薯	累计发布20篇参加话题活动的优质视频笔记，或者累计发布100篇笔记，每篇获得10个收藏或50个赞
铜冠薯	累计发布10篇参加话题活动的优质长笔记，或者累计发布300篇笔记，每篇获得10个收藏或50个赞
银冠薯	累计发布20篇参加话题活动的优质长笔记，或者累计发布500篇笔记，每篇获得10个收藏或50个赞
金冠薯	累计发布50篇参加话题活动的优质长笔记，或者累计发布800篇笔记，每篇获得10个收藏或50个赞

付费的黑卡会员小红书根据客户的需求度分为三类：年卡266元，半年卡166元，季卡96元。

在会员权益上，小红书的规则比较复杂，普通会员根据等级不同获取不同表情包、小红薯标志、对应的个性化水印。例如尿布薯，在个人头像旁边有尿布薯的标志，发文章或者评论时，可以使用尿布薯的表情包，发照片可以加上尿布薯的水印。铜冠薯及以上，可以发布长笔记。

付费的黑卡会员则可享受顺丰包邮、限时购提前抢、七天报价自动退、黑卡专享价、专属客服、尊享包装等服务。

3. 会员制的管理

会员制管理就是企业通过发展会员，通过分析型客户关系管理，根据会员历史消费行为数据，为会员建立用户画像，利用合理的会员积分和等级制度，为会员提供差异化的服务关怀和精准营销，提高顾客忠诚度和复购率，增加企业长期利润。

会员制管理，可以帮助企业实现从"以商品为中心"到"以客户为中心"的经营理念的转变。想客户所想，提供客户所需要的产品和服务。

会员制管理的方法随着大数据技术的普及以及企业经营理念的不同，采用的具体方法也会有所不同，但是基础的方法相同。下面列举常见的会员制的管理方法。

（1）基础信息的管理

平台会通过各种渠道吸收会员，在会员注册初期，尽可能详细地要求会员填写相关信息，还包括会员信息的修改、余额查询、会员卡挂失、换卡、会员分级等。

（2）会员储值和积分

会员储值是为了增强客户黏性，一般会设置储值优惠规则。比如设立储值时奖励储值金、积分或电子优惠券；会员储值时，系统按储值额自动计算奖励并发放到顾客账户。

积分管理比较灵活，不同等级的会员享受不同积分奖励。会员消费时，系统按消费额自动计算奖励并发放到账户内。积分用法多样，积分抵现、积分兑换礼品、积分兑换电子优惠券等，充分发挥积分黏性作用，促使会员重复消费。

（3）会员关怀

通过会员的资料、消费行为、习惯等因素自由筛选会员群体，区分优质会员、客单价待提高会员、消费频次待提高会员、不良会员等，制定精准促销活动。通过分析筛选出会员群体后，可在系统中轻松制定各种精准促销活动，发送针对性短信。

比较常见的是节假日关怀和生日关怀。比如生日关怀，一般在生日当月会推送祝福信息和电子优惠券。

（4）数据信息

消费者可以轻松查询自己的交易记录、积分、储值、优惠券等信息。商家可以全面统计会员的变动信息，进行交易提醒，设置短信提醒，汇报会员卡的交易金额，以及实时余额等信息。还可以进行异常监控，比如将某些时间段、交易金额大、交易频次高等情况设置为异常交易行为，系统自动监测，当此类交易发生时，系统自动发出短信通知和系统公告，控制风险的产生。

【任务练习】

1．电子商务平台实施会员制度的好处有哪些？
2．你是哪些电子商务平台的会员，说一说这些会员的优势是什么？
3．如果你是一家跨境电子商务平台的运营管理者，你将如何设置自家的会员体系呢？

任务二　跨境电子商务的客户服务

【任务导入】

电子商务客服是指在店铺运营中，充分利用电子商务平台与各种即时通信工具，为客户提供相关服务的人员。客户服务和商品的质量会带给客户好的购物体验。在网店中客服所提供的服务主要有客户答疑、促成交易、店铺推广，即完成售前、售中、售后服务。跨境电子商务客服与国内电子商务客服比较大的区别在于，外国客户大多数使用英文，因此在沟通时需要有一定的英文基础；此外，由于时差、费用等问题，在跨境客服中，常常使用邮件沟通。下面我们就一起走进跨境电子商务客服的工作。

【学习目标】

知识目标

1．了解跨境电子商务对客服的基本要求。
2．了解客户沟通的方法和技巧。
3．掌握销售过程中客服应答的邮件模板。

能力目标

1．能列举客户沟通的方法和技巧。
2．能在销售过程中与外国客户进行简单交流。

1. 跨境电子商务对客服的基本要求

电子商务与传统线下商务行为最大的区别就在于无法面对面沟通，客服是电子商务中唯一的买卖双方直接沟通的途径，因此客服在电子商务中扮演着重要角色。客服沟通交谈技巧对交易的成功起到了非常关键的作用。

跨境电子商务平台的客服从工作维度上区分主要有两部分，一部分为订单处理，另一部分为客户沟通。从工作流程上看，跨境电子商务客服又可分为售前客服、售中客服和售后客服。

（1）跨境电子商务客服岗位的基本要求

因为不同公司的规模不同，面向的客户群体也不一致，因此在招聘跨境电子商务客服时的要求也会有所不同，但是任职要求较为一致，薪资水平较一般的客服也会高出许多。

一般情况下，跨境电子商务客服的任职要求是：

第一，优秀的英语读写能力，或商务英语专业，英语六级及以上；

第二，具备基本的电子商务操作技能，熟悉电子商城业务；

第三，优秀的沟通能力与技巧，善解人意，富有感染力；

第四，工作认真细致、有耐心，努力维持好客户，富有团队合作精神；

第五，能承受比较强的工作压力，能够适应较快的工作节奏。

由此可见，跨境电子商务公司在招收员工时首先考虑的是英语能力，其他的要求与国内电子商务对客服的要求基本一致，强调的是协调沟通能力和抗压能力。

跨境电子商务客服的岗位职责主要是：

第一，通过电话、网络、邮件等通信工具快速、准确地解答外国客户对产品相关服务的咨询；

第二，负责日常海外客户资料整理和通知工作；

第三，承接、处理客户订单，并跟踪订单进展状况，确保订单按时完成；

第四，接受海外客户咨询、投诉、业务答疑等客户要求，以及客户维系和客户需求转化；

第五，定期调查客户需求，总结市场情况反馈给领导，根据主管的安排完成其他相关事宜。

（2）跨境电子商务客服的作用

客服是一家店铺对外展示形象的活招牌，客服的工作好坏代表着一家店铺运营的好坏。因此，跨境电子商务客服对于企业而言不仅仅是工作要求中的那么简单，还能够起到以下作用。

① 塑造店铺形象

对于网店来说，客户看到的商品与其说是商品还不如说是一张张图片或图文混排的文件。由于客户看不到实实在在的商品，只能通过文字说明来了解商品，难免会产生疑惑，这时客服就显得尤为重要。客服的一言一行都关系着客户对网店的了解和感受，从而树立起网店的良好形象。

② 提高成交率

由于电子商务平台上的各种网店很多，买家在对商品进行挑选时会面临各种优惠措施和产品性能的比较。此时，优秀的客服能够在线耐心解答顾客的疑问，从而促使交易达成。

③ 寻找重点客户

客服人员通过商品评价判断客户的性格脾气以调整沟通方式，通过 excel 表格对买家的订单进行分类管理，分析买家购买记录并抓住重点客户。一个对商品的专业知识足够了解、对网购规则相当熟悉的客服，可以为客户提供更好的购买建议，给客户详细的解答疑虑，引导客户选择最适合他的商品。

④ 提升复购率

通过数据调查发现，在网上购物的客户群体中有很大一部分是首次购买某种商品，或者是通过亲友推荐和看到他人使用后才激起了购买欲望。这时如果他在挑选商品的过程中，网店客服能给予其热情周到的服务，并促成一笔愉快的交易，则买家一般都会收藏店铺，当未来有需要时在同一家店铺购买，甚至会向自己的亲友推荐该网店，这便提高了客户的回购率。

（3）跨境电子商务流程中客服的工作

电子商务平台的运营根本在于流量转换率，因此一切的行为都应该围绕着商品的销售。从这个角度来看，跨境电子商务客服又可分为售前客服、售中客服和售后客服。

① 售前客服

售前客服的工作主要是为买家解答关于产品信息（如价格、数量、库存、规格型号、用途）、运费、运输等方面的问题，引导并促使买家购买本店的商品。

② 售中客服

售中客服的工作主要是从商品发货到买家确认收货之前，解决客户提出的各种关于物流、退换货等相关的问题，使客户能够更加方便地掌握订单动态。

一般情况下，跨境电子商务平台的售中订单处理流程如图 5.1 所示。

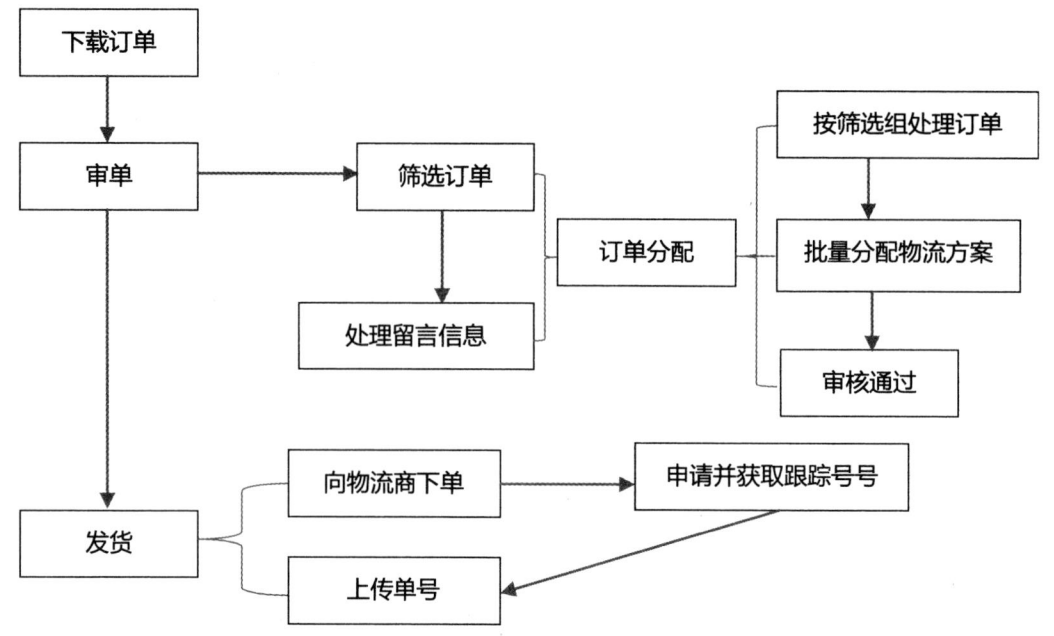

图 5.1 跨境电子商务平台的售中订单处理流程图

③售后客服

售后客服的工作主要是客户在签收商品后的后续跟踪服务,包括主动联系客户询问商品使用情况、客户对商品和店铺的改进建议以及向客户介绍最新的商品和优惠活动等。

售后客服的工作会影响到店铺后续开展老客户的营销工作,因此在此期间要注意为买家提供优质的物流体验(发货速度、物流运送时间、货物完整与否、送货员的服务态度、物流跟踪等),做好售后服务,及时处理纠纷,积极回应、冷静处理问题。在完成售后工作后,要及时跟进,选择合适的时机做二次营销。当然这其中必须注意,由于时差的缘故,在卖家日常工作的时候(北京时间 8:00~17:00),会发现大部分国外买家的即时通信都是离线的。国外买家不在线,卖家也可以通过留言联系买家。不过,卖家应尽量选择买家在线的时候联系,这意味着卖家应该学会在晚上联系国外买家,因为这个时候买家在线的可能性最大,沟通效果更好。

售后客服还有一项工作非常重要,那就是信用评价。信用评价,是指交易的买卖双方在订单交易结束后对对方信用状况的评价,比如速卖通平台的信用评价包括五分制评分和评论两部分。买家通过匿名方式对卖家的商品描述的准确性、沟通质量及回应速度、物品运送时间合理性三方面进行单向评分。

售后客服具体的工作包括以下几个方面。

a. 积极回复买家的评价

对买家的评价做出积极及时的回复,是保持与买家有效沟通的重要方法,这样有利于拉近与买家之间的心理距离,与买家形成良性联系。

b. 修改差评

卖家如果收到了差评，认为买家给自己的评价不公平，那么在评价生效后 1 个月内，卖家可以自主引导买家修改给自己的评价，买家可对同一生效评价在生效后 1 个月内修改 1 次。

差评产生的原因主要有三种，其实大多是因为信息不匹配造成的，商家应该及时有效地提供解决方案，如表 5.3 所示。

表 5.3 网点差评分析解决方案表

差评的原因	具体表现	解决方案
商品图片与实物不符	为了使图片更加美观，在商品图片中添加一些商品本身没有的效果，导致商品实物与图片在颜色、形状上存在差别	主动向买家解释原因，并提供商品原图。此外，在上传商品图片的时候可以多展示一些不同角度的细节图，尽量让买家对商品有一个全面的视觉印象
涉嫌虚假信息诱导消费者，比如标题上有"FreeShipping"，实际上买家却需要付费	这是由于一些国家的进口政策，仍然需要买家支付关税，由此导致买家的疑虑	在发商业快递时，要注意填写申报价值，弄清楚是否还会产生关税，而且要提前与买家沟通好关于关税的问题
账户出现多余额外扣款	平台无附加收费，但买家在使用信用卡支付的时候可能由于各家银行对付款手续费有不同的规定，有的需要支付手续费	提前与买家解释清楚，此额外收费是其他部门如银行收取的，买家通过 T/T 付款，买家的银行端需要收取一定的费用

c. 投诉违规评价

当卖家遇到买家的评论与交易无关、或使用了不当的语言、或披露了卖家的私人信息、或者买家利用中差评胁迫卖家给予额外的利益等情况时，要主动到平台方提起申诉，但需注意的是评论生效后 30 天内卖家仅可在系统向平台提起 1 次投诉。

2. 与客户沟通的基本要求

作为一名合格的客服，在与顾客沟通时，要始终谨记保持良好的氛围，做好销售过程中的各个环节，对于自家的产品应有充分的准备，熟记回复的用语。

（1）准确向消费者传递商品信息

电子商务平台中，同质化的商品非常多，因此这就要求我们的客户能够掌握自家商品的各项信息，了解客户的需求，掌握沟通技巧，正确解释并生动描述相关产品的特征与优点。

（2）快速及时的回复

准确、简洁、高效、友好地回复客户购买商品时提出的各种问题，以每次贴心、周到的服务在客户群中建立起专业、负责任、值得信赖的店铺形象。当在接待工作中遇到有些客户无法顺利沟通时，必要时可以求助同事或主管。及时正确地做好备注工作并能确保第一时间告知打单人员，避免发错货的情况。客户要求修改地址信息或商品属性的，须第一时间在后台修改妥当。及时向买家反馈发货进程、物流运送时间、货物完整与否、送货员的服务态度、物流跟踪等情况。

（3）做好售后服务，及时处理纠纷

一般产生纠纷的主要原因有两大类，一是买家没有收到货物，二是买家收到的货物与约定不符。前者的原因较为负责，主要有：海关扣关；包裹原件退回；包裹被寄往或妥投在非买家地址；物流显示货物已经妥投或一直显示在途；无法查到物流信息或物流信息异常；买家拒签。后者的主要原因有：货物与描述不相符；质量问题；破损；售假。

无论是何种原因，在产生售后纠纷时，商家应该及时响应，首先判断买家是否收到货物，申请的是未收到货全额退款，还是部分退款不退货，还是退款退货。经买卖双方协商之后，若达成一致则按照协议处理，若未能达成一致，则申请平台介入处理。

①买卖双方交易协商

买家提起退货/退款申请后，需要卖家的确认，卖家可以在纠纷列表页面中看到所有的纠纷订单。快速筛选区域展示关键纠纷状态，即"纠纷处理中""买家已提交纠纷，等待您确认""平台介入处理"。对于卖家未响应的纠纷，单击"同意/拒绝"按钮进入纠纷详情页，如图5.2所示。

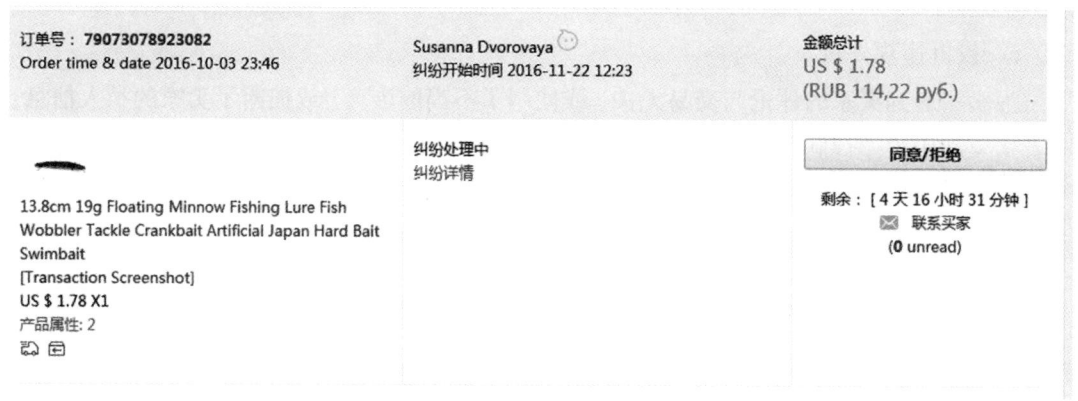

图5.2 亚马逊卖家售后服务纠纷详情页

进入纠纷详情页面，卖家可以看到买家提起纠纷的时间、原因、证据以及买家提供的协商方案等信息。当买家提起纠纷后，卖家需要在买家提起纠纷的5天内接受或拒绝买家提出的纠纷，若逾期未响应，系统会自动根据买家提出的退款金额执行，所以在此5天内需要客服积极地去与买家沟通，让买家取消纠纷。

②平台介入协商

买家提交纠纷后，平台会在7天内（包含第7天）介入处理。平台会参看案件情况以

及双方协商阶段提供的证明给出方案。买卖家在纠纷详情页面可以看到买家、卖家、平台三方的方案。纠纷处理过程中，纠纷原因、方案、举证均可随时独立修改（在案件结束之前，买卖家如果对自己之前提供的方案、证据等不满意，可以随时进行修改）。买卖家如果接受对方或者平台给出的方案，可以点击接受此方案，此时双方对同一个方案达成一致，纠纷完成。纠纷完成赔付状态中，买卖家不能够再协商。

（4）常见的纠纷问题及处理方法

①订单付款已经过去半个月，买家未提交纠纷下询问产品的物流状态

该情况下需要查询产品是否已经发货，如若未发货需要及时联系并催促仓库发货，同时安抚客人，主动为其延长交货时间；如若已经发货，可让客人耐心等待一段时间，也可以主动帮助客人延长交货时间，让其更加安心，避免提交纠纷，同时不要忘记提醒客人在这段时间内要是没有收到的话，及时联系帮助处理。

②订单付款过去一个月，买家提交纠纷下询问产品的物流状态（产品已发货的情况下）

该情况下要第一时间联系客人关闭纠纷，与客人交代发给他的包裹是通过平台的物流，包裹肯定会收到的，让其放心、让其耐心等待一段时间。如果届时客人真的没有收到货，保证会重发或者退款。

③客人收到货，发现漏发或者发现产品损坏提交纠纷要求退款

该情况下也是第一时间联系客人关闭纠纷，诚恳向客人道歉，告诉客人可以通过补发、重发或者折扣的形式补偿他的损失，争取客人的信任，使其关闭纠纷。

④客人收到货，提交纠纷，说产品与描述不符

该情况下，需要与运营人员核实是否真的是描述不符，如若是卖家的错，需要诚恳地致歉，通过重发、折扣等形式解决问题，并希望客人可以原谅、关闭纠纷，同时不忘提醒运营人员及时修改描述。如若不是描述不符，则积极与运营人员和仓库人员一起举证，上传证据证明卖方是正确的，希望客人可以认真地核实清楚、关闭纠纷。

3. 客服应答的邮件模板

在跨境电子商务平台中，因为涉及对外交流受制于时差的问题，平台及时沟通不方便，语音沟通也会因为通信线路或者口音等问题无法保证沟通的流畅度，因此在跨境电子商务平台中客服最常采用的交流方式是邮件。根据销售的不同阶段，商家一般会为客服人员提供不用的沟通模板。

（1）售前情景沟通邮件模板

① 问询——未指明产品

Dear,

Thanks for your inquiry.

Would you please provide the links for your interested products?

You are welcome to add our Skype *** or MSN *** for further discussion. We are expecting to establish long term relationship with you.

② 问询——产品是否有更多颜色、款式、图片

Dear,

Thanks for your inquiry.

Yes, this one has other color（s）/style（s）/picture（s） as attached. Would you please advise which one is your favorite?

或

Sorry that we have not other color/style/picture for it. Please do feel free to check other products in our store. We'd like to offer you our latest discount.

Looking forward to your further contact.

③ 问询——产品是否有货

Dear,

Thanks for your inquiry.

Yes, we have plenty of such cases in stock. Could you advise how many pcs you want?

或

Sorry, the item you mentioned is just out of stock and it will be available in two weeks. Could you please check whether the following similar ones are also suitable for you?

***, ***, ***（link）

Looking forward to your prompt reply.

④ 问询——价格（不准备让价）

Dear,

Thanks for your inquiry.

From the product feedback, trust you would agree that our price is very competitive for such good quality. Discount can not be provided for 1 pcs as we only have minimum profit. However, we can provide discount 5% for bulk buying no less than 50 pcs.

Thank you for consideration and understanding. Looking forward to your response.

⑤问询——价格（同意让价）

Dear,

Thanks for your inquiry.

As you are a new client for us / you are our most welcomed friend, we decided to accept your suggested price / offer 10% discount for the said product（s）. Trust you would find the price has reached bottom in consideration of its quality.

Wishing you a happy shopping with us.

（2）售中订单处理沟通邮件模板

① 提醒买家付款

Dear Customer,

Thanks for your order.

The item you selected is a one with high quality / a most fashion / most popular one with competitive price. You would like it.

Instant payment can ensure earlier arrangement to avoid short of stock.

Thank you and awaiting your payment.

② 买家付款后——有货

Dear Valuable Customer,

Thank you for choosing our products.

Your item will be arranged within 24-48 hours to get courier no. And it would take another two days to be online for tracking.

We would check the product quality and try our best to make sure you receive it in a satisfactory condition.

Thanks for your purchase again and we will update courier no. to you soon.

③ 买家付款后——无货

Dear Customer,

Thanks for your order. However, the product you selected has been out of stock. Would you consider whether the following similar ones are also ok for you:

http://www.******1.html

If you don't need any other item, please apply for 'cancel the order'. And please choose the reason of "buyer Ordered Wrong Product". In such case, your payment will be returned in 7 business days.

Sorry for the trouble and thanks so much for your understanding.

④货物发出填入物流单号后

Dear Valuable Customer,

Thanks for your order. The product has been arranged with care. You may trace it on the following website after two days:

http://www.******.shtml

Kindly be noticed that international shipping would take longer time（7-21 business days for China post, 3-7 for EMS）. We sincerely hope it can arrive fast. And you can be satisfied with our products and services.

As well, we would appreciate very much if you may leave us five-star appraisal and contact us first for any question, which is very important for us.

We treasure your business very much and look forward to serving you again in the near future.

（3）售后正面评价回复邮件模板

Dear Customer,

Thanks for your positive appraisal.

We will strive for providing better services and products for you in the future. Welcome your next coming.

（4）售后特殊情况的邮件模板

①暂时无法回复客户问题

Dear,

These days the tracking system has some problem. We will check with our courier agency to update status to you tomorrow. Sorry to keep you waiting.

或

Dear,

We need some time to check the problem with our supplier. Can we just reply you before 30 Dec 2013? Thank you for waiting.

②未预期的物流延误通知

Dear Customer,

Thanks for your order with us. Per courier agencies' information, due to strict custom screening /peak season/bad weather these days, the shipping time to your country might be delayed.

We will keep tracking the shipping status and keep you posted of any update.

Sorry for the inconvenience caused. Your understanding will be greatly appreciated.

③节假日物流延误通知

Dear Customer,

Thanks for your purchasing in our shop. However, in celebration of China Spring Festival, 30 Jan to 5 Feb, both days inclusive, all shipping services will suspend temporarily during the period. And the shipping delay for your goods may be caused.

We apologize for the inconvenience caused and appreciate your kind understanding.

Wish you and your family have a happy time together as well.

④非质量问题退换货

Dear Customer,

Sorry that the goods can not satisfy you. It is for sure that you can send it back for refund or exchange. Please return goods to the following address:

******, Shanghai, China Address To: Hengshan Road

Tel: ….

Kindly make sure all returns including all original products, packages, accessories in a re-saleable condition.

Please be aware postage cost for both return（and re-sending）will be charged on your side. Once we receive the goods, we will arrange refund / exchanging for you. Thanks.

（5）售后投诉处理技巧与邮件模板

①投诉物流问题——物流延误

Dear,

We are sorry for the troubled shipping. Due to Christmas and bad weather in Russia, parcels to Russia would be slower than before and it would take more than 60-90 days at present.

The receiving period has extended longer for another month accordingly.

We would take full responsibility if no parcel is received by you, so, would you please withdraw the complaint temporarily? Let's keep in touch if there's any problem. Thanks.

②投诉物流问题——非正常状态

Dear,

Sorry that your parcel is delayed. In consideration of no update for long time, we have submitted enquiry to China Post. It normally takes 3-5 months to get result from them. We will keep you posted if any update. During the period, once you receive the product, please let us know.

Sorry for the trouble caused. If you have any other concern, please feel free to communicate with us. Thanks.

③投诉质量问题——初步收到问题反馈

Dear,

We are sorry to hear that. Our colleague did conduct check for every product issued out. It is a pity that it was ignored.

Would you please provide pictures for the problem to us? And please also advise your suggested solution. Thanks.

④投诉质量问题——赔款或其他方式赔偿

Dear,

The photos were received with thanks. Sorry that we failed to check out the problem and we would pay more attention on this part.

Anyway, as it is a minor problem, can you accept $3 for compensating it? Or, may you just accept this time and we would like to provide bigger discount for your next time coming? Due to the rising shipping cost, the cases only have minimum margin profit.

So sorry for the trouble. Please feel free to let us have your comment. Thanks.

⑤投诉质量问题——退换货

Dear,

We are sorry for the quality problems and would pay more attention on product quality check in the future.

Kindly return the goods to the following address:
******,Shanghai, China   Address To: Huangpu
Tel: ….

Please make sure to return all original products, including accessories and packages. Once we receive the goods, we will refund/exchange a new one for you. Sorry for the trouble .

⑥投诉客服态度等

Dear,

Thanks for bringing the case to our attention. We would pay attention to such kind of problem and provide related training to all of our customer service personals immediately.

We apologize for making you feel bad. And please trust that such kind of situation will not happen again.

【任务练习】

1. 简述跨境电子商务客服岗位的基本要求。
2. 跨境电子商务客服的作用是什么？
3. 简述跨境电子商务客服的工作基本流程。
4. 记住并能写出五种常见场景客服应答的邮件，并能根据问题做出正确答复。

任务三　跨境电子商务的营销与推广

【任务导入】

在学习了店铺装修、上传商品、会员管理、客服技巧等之后，我们已经掌握了大部分运营工具，可是一家跨境电子商务公司想要运营好，仅靠这些是不够的。因为要想把店铺做大，就必须有源源不断的订单，但消费者的生命周期有限，要想持续不断地吸引消费者，就必须进行营销和推广。那么如何在我们的跨境电子商务平台上进行营销推广，营销工具又有哪些？下面我们一起学习跨境电子商务的营销和推广。

【学习目标】

知识目标

1. 了解常见的跨境营销的方法。
2. 了解跨境营销的注意事项。
3. 了解软文推广的方法。

能力目标

1. 能列举常见的跨境营销的方法。
2. 能说出跨境营销的注意事项。
3. 能根据指定题材写关于跨境电子商务的推广软文。

1. 常见的跨境营销的方法

（1）电子商务营销的本质

电子商务营销的呈现方式多种多样，企业要想通过电子商务实现自己企业的营销目的，就必须选择好的营销策略。企业只有对电子商务环境下的各种营销策略进行分析，并选择适合企业的营销策略，才能达到预期的促销效果。但是我们首先要剥离方法，看透营销手段的本质。我们经常看到的营销方法有折扣、赠品、抽奖、积分、秒杀、团购，或者是组合营销。其实这些都只是营销手段的不同，电子商务营销的本质其实无外乎四个元素：商品、价格、满减、满赠，如图 5.3 所示。

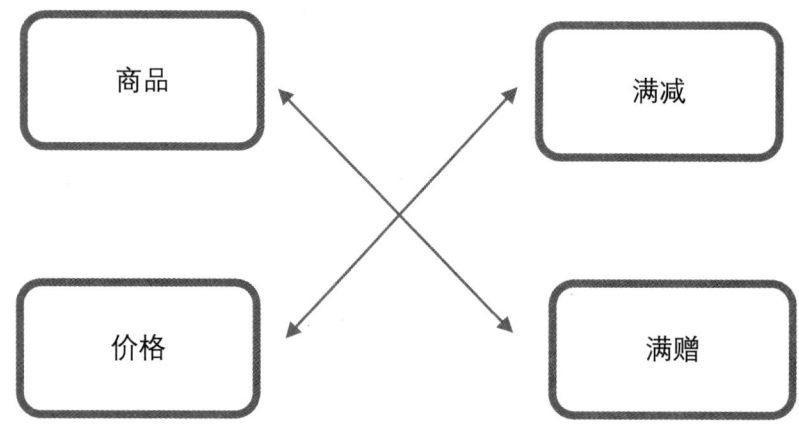

图 5.3　电子商务营销关系图

无论上面说的哪一种营销方法都离不开这张图片，左侧两个是优惠条件，右侧两个是优惠方式。

首先说满减。满减一般是针对全店铺的商品，在买家的一个订单中，若订单金额超过了卖家设置的优惠条件满×××元或者满×××件时，支付时系统会自动减去优惠金额或者减去其中 N 件商品的金额。既可以让买家感到实惠，又能刺激买家为了达到优惠条件而多买，买卖双方互利互赢。优惠规则由卖家根据自身的交易情况设置，正确使用满减工具，可以刺激买家多买，从而提升销售额，提高平均订单金额和客单价，吸引潜在批发客户。

再说满赠。满赠主要有满就送礼、满就送优惠券、满就包邮、满就换购等形式，作为卖家的一个促销手段，大大提高了商品的曝光率，提高买家的客单价，达成促销的目的。

可以看出，电子商务营销本质是非常简单的。但是商家在简单的构建中，通过有效的组合，结合节假日等概念推出各色各样的营销方案，吸引消费者的目光。

（2）常见的营销方法

①邮件营销

邮件营销作为传统营销方式代表中的一种，仍然风靡欧美各国。随着营销及推广资源的争夺愈加激烈，营销及推广成本持续上升，邮件可说是当前性价比非常高的网络营销方式之一。无论是做搜索引擎还是即时通信，只要有用户群体就不怕没钱赚，所以用户群体规模是一款互联网软件体现应用价值的重要指标。邮件营销能够带来的效果依然可观。国外有调查显示，零售商在邮件渠道每投入1美元，可以获得40美元的回报。当然，要想做好邮件营销，就要懂得其中的规则和特点，否则很难达到预期的效果。

为了使邮件营销达到与用户建立客户关系和品牌忠诚度的目的，便需要随时跟踪用户的浏览轨迹以及使用习惯，分析客户关于产品类别、接收设备、阅读时间、购买频次、所处地点等的属性，而由此给客户定制的个性化邮件将使营销的全程及效果更具可控性，提高营销的精准度。

②社交媒体营销

传统营销是销售导向的，即将产品/服务信息传播给潜在的消费者；现代营销则是关系导向的，强调的是与消费者的互动。

随着微博、微信等社交网络的快速发展，企业开始踏入互动式的关系导向型营销时代。

社交媒体网络间的同质化和有些品牌类似。就拿微博和微信来说，它们就像社交网络里的可乐和雪碧，各自拥有独特的风格和用户群。所以在做社交媒体营销时，需要找到最适合的社交媒体目标和策略的社交网络，并不需要广撒网。

社交媒体营销有三个关键词需要考虑：时间、资源、用户。

时间的投入非常重要，尤其是最初的运营阶段，需要每天在每个社交媒体上至少投入3个小时。

考虑到社交媒体的即时性和传播性，大多数社交媒体都是基于图像和照片的应用的视觉社交媒体，因此必须拥有适合的资源来源渠道。

商家必须通过线下推广活动和线上社交网络，同时配合邮件营销这样的方式，多管齐下在最短时间内聚集客户群。

③社群营销

纵观近几年的跨境电子商务，网红成为抢手货，直播成为各大电子商务平台和商家争相运用的营销方式，网易考拉、蜜芽等平台都纷纷试水。

从明星到草根网红，现象背后是电子商务营销逻辑的改变和社群经济的兴起。

社群营销具备趣味化、精准化等特点，因而受到追捧。明星、网红背后是社群，对于平台和卖家而言，这是丰富的资源。

在跨境进口电子商务领域，"网红+社群"的组合已被平台所运用。"网红+社群"的组合重新构建了一个新的流量入口，通过有价值的内容的分享传递，能带动更多的粉丝及流量，打造独特的营销模式。

社群经济的崛起，给电子商务带来了更多具有潜力的发展空间。有行业专家认为，在传统电子商务时代，垂直细分更多是对于品类的细分；社群经济可能促使许多按人群、兴趣、价值观等维度进行细分的垂直电子商务逐渐崛起。

2. 跨境电子商务促销注意事项

网上种种秒杀、抢购活动层出不穷，在为消费者带来实惠的同时也产生了很多问题。当网络促销揭下其神秘面纱后，越来越多的消费者对促销持观望态度，过去的吸引力不再空前热烈，企业要想真正击中消费者的兴奋点，那么在使用网络促销手段时要注意以下几个方面。

（1）慎重使用网络促销手段

运作良好的网络促销活动，不仅可以诱导需求，还可以创造需求，发掘潜在顾客，扩大销售量。但是，企业要慎重使用网上促销手段，因为很多消费者对企业各种促销方式或者企业频繁举行促销活动可能麻木，有的甚至怀疑，反而影响企业促销效果。

（2）恰当使用各种网络促销手段

企业如果使用网上折价促销，要注意选择合适的折扣理由，比如季节性折价、重大节日折价酬宾、店家庆典折价等，折价理由不合适，反而容易引起消费者的反感，尤其是引起前期"高价"购买了该商品的消费者的不满，有损企业形象。另外，要注意不能搞假打折，也就是先大幅提价后打折，欺骗消费者，如果被发现，反而会严重损害企业形象。

（3）合理规划物流配送

在快速发展的电子商务行业，物流问题也日渐增多。电子商务与物流应该是一对天生的搭档，电子商务离不开物流的发展，需要物流体系强有力的支持；同时电子商务又给物流的发展提供了难得的机遇，并为其指明了发展方向。因此，企业要想在电子商务环境下取得预期的促销效果，就要在经营发展中合理地规划企业的物流系统，制定正确的物流目标，有效地进行物流配送的组织和运作。

（4）配合各方营造良好的电子商务环境

不久前，商务部下发通知规范网络购物促销行为。通知强调，要杜绝各种价格欺诈和虚假促销行为，严禁虚构原价打折、使用误导性标价形式或价格手段，欺骗、诱导消费者。

其实，除了企业要在实际交易中探索电子商务环境下的促销策略，还需要社会营造一个良好的电子商务环境，这就需要交易双方、政府等各方努力，只有这样网络促销才会健康、有序地发展。

3. 跨境电子商务的推广方式

（1）搜索引擎优化

这是营销界最重要的搜索方式之一。搜索引擎营销有被动和主动搜索两种。其中，被动搜索包括：搜索引擎竞价（PPC）和搜索引擎优化（SEO）。大部分网站都会不断优化网站结构，获得更好的自然排名结果。不过，这是一项长期的工作，需要商家长期的投入和关注。

（2）外贸 B2B 平台

现在国内的 B2B 平台也有不少了，选择外贸 B2B 平台推广的时候，商家应该结合自己的产品特点选择相应的平台。假如面对的是拉美市场，像 Tradekey 的优势就比较明显；假如面对的是欧美市场或者国外的小型批发商，最好选择可以在线交易的平台。

（3）网络广告

网络广告的投入比较大，但效果也是立竿见影的。比较热门的视频或者社交平台都是可选择的范围。搜索引擎也是主要的，比如关键词竞价广告，门户对口网站直接投放广告则是广告联盟。网络广告的收费方式有以下几种：按效果付费（CPM），点击付费（CPC），按每行动成本（CPA），按每购买成本（CPP），按业绩付费（PFP），等等。

（4）社区论坛软文

国外社区和论坛的活跃度非常高，只要有人发言，一般都会有人回应。因此很多商家在利用行业社区做产品推广时会随意打广告，带上自己网站签名链接等，其实这样往往会适得其反，引起国外用户的反感，封号是常见的事情。这足以看出软文的重要性，量不在多，有用才行。这种零成本长期收益的软文营销方式，非常适合中小型企业。

（5）自媒体短视频平台

短视频现在无疑是各大媒体平台的风口，由于涉及的流程很多，很多短视频项目都是团队在操作，但随着设备的完善，个人短视频是完全能够创作出来的。不过，最关键的是视频广告一定要有创意，这样才能病毒式营销，直插用户软肋，吸引用户眼球。自媒体视频化内容的投放需要多渠道和精细化，确定自己的垂直细分领域定位，选择适合自己的平台进行多渠道精细化投放。

4. 跨境电子商务软文推广的写作方法

通常一家电子商务公司会在网站发布一些产品或者服务的介绍,以及热销商品的通知。这里就不得不提到软文。所谓软文就是由企业的市场策划人员或广告公司的文案人员来负责撰写的"文字广告"。与硬广告相比,软文之所以叫作软文,精妙之处就在于一个"软"字,好似绵里藏针,收而不露,克敌于无形,等到你发现这是一篇软文的时候,你已经掉入了精心设计过的"软文广告"陷阱中。它追求的是一种春风化雨、润物无声的传播效果。

企业通过软文可以把自己的一些需要宣传的东西主动暴露给报纸、杂志等印刷媒体,以达到做广告的效果和提高企业知名度和美誉度的目的。软文在当前已成为企业一种非常实用的宣传方法,企业的企划部门常把软文广告作为一项重要工作来做,常能取得硬性广告达不到的效果。

(1) 软文的形式

软文的形式是多种多样的,但是万变不离其宗,根据软文的内容可以将软文分为以下五类。

①故事式

这类软文是平时我们生活中最为常见的一种软文形式。听故事是人类最古老的知识接受方式,所以故事的知识性、趣味性、合理性是成功撰写此类软文的关键。这类软文通过讲述一个完整的故事带出产品,由产品的"光环效应"和"神秘性"给消费者造成强烈的心理暗示,从而达到宣传产品或服务的目的。

②情感式

情感一直是广告的一个重要媒介,软文的情感表达由于信息传递量大、针对性强,很容易做到与读者心灵相通。情感类软文最大的特色是容易打动人,容易走进消费者的内心。当然在情感式软文中有些商家利用消费者的好奇心创作,引导消费者购买商品。

③恐吓式

恐吓式软文是反情感类软文的一种诉求。情感式软文表达是美好的、温馨的,而恐吓式正好相反,下面举两个例子,大家就明白了。例如,"你的体内有十几斤垃圾!""你正走向死亡的边缘!"。实际上恐吓式软文给消费者留下的印象会比情感式软文更深刻,但是这种手段往往遭人诟病,所以使用此类软文一定要把握火候,不要起到相反的作用,而且这种手段要慎用!

④问答式

此类软文的核心是提出一个问题,然后围绕着这个问题自问自答。通过设问引起话题和关注，但必须要注意的是掌握好火候，提出的问题要具有吸引力，答案要符合常识，不能作茧自缚、漏洞百出，否则软文可能会起到相反的作用。

⑤促销式

促销式软文主要是配合其他推广方式，也可以单独使用。例如，"某某产品，一天断货三次""某某厂家告急！"。这样的软文直接配合促销使用效果更佳，通过"攀比心理""影响力效应"多种因素来促使消费者产生购买欲望。

（2）跨境电子商务平台软文案例——网易考拉

2017年11月，网易CEO丁磊提出"新消费"概念，指出用户已经从追求买得到，转变为追求买得好、买得有品位。在新消费趋势下，品牌营销不能再简单追求全渠道、全场景的覆盖，而是要在创意上做足功夫，精准击中用户的兴奋点。

网易考拉市场团队对于营销的理解，就是让广告有趣。在大众对"画风清奇的网易"这个创意点认知特别高的情况下，他们持续进行艺术性的创造加工，演绎为带有自己特色的营销。

比如借助当时热映的综艺节目《花儿与少年》，网易考拉市场团队反其道行之，推出"童话里的故事都是骗人的，现实中的考拉，却是正品低价还包邮的"（图5.4），让消费者记忆深刻。

图5.4 网易考拉推广图

再比如在线下推广时，网易考拉分析竞争对手，发现对手都在追求高大上，而网易考拉再次抛开套路，写出"包包不用太多，装得下回忆就好"的走心文案。

尤其是在2017年的"双十一"大战中，网易考拉团队捕捉到几大电商巨头"双十一"战报的热点,从用丁磊的创意到设计出街,再到最后的传播,只用了不到 5 个小时,如图 5.5 所示。

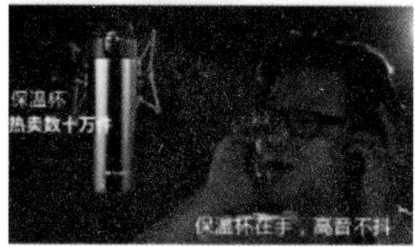

图 5.5　网易考拉营销图

这种快速应对的反应力,来源于网易考拉在推广中敏锐的市场洞察力和千锤百炼的创意以及团结一心的执行力。在网易考拉市场团队营销观念、组织架构的支撑下,借助场景和数据,从创意出发应对热点变化,创造不同凡响的推广软文。

【任务练习】

1. 跨境电子商务常见的营销方法有哪些?
2. 跨境电子商务促销过程中有哪些注意事项?
3. 跨境电子商务如何做好促销活动?
4. 选定一个跨境电子商务的促销节日,围绕节日主题设计一款推广海报。

项目六　跨境电子商务支付

项目概述

网上支付工具变革和支付模式的迅速发展给整个世界的经济和社会发展带来了一场深刻的变革，线上支付作为支撑电子商务的关键因素，在跨境电子商务中是如何体现的呢？与传统电子商务的区别是什么呢？本项目将紧紧围绕跨境电子商务支付这一话题展开。首先介绍三种常见的跨境电子商务支付方式，其次以国际支付宝为例阐述第三方支付的开通和使用，最后通过理论与实际相结合的方法介绍 PayPal 账户的创建、绑定及认证，让大家在掌握基础理论知识的基础上能够学会国际支付账户的相关使用技能。

案例思考

微信支付与支付宝的"跨境之争"

谈及中国的电子支付，大家可能首先想到的就是阿里巴巴的支付宝和腾讯的微信。尽管银联支付一直试图挤进这场斗争，但是无论从普及面还是服务商，支付宝和微信支付都牢牢把控着移动支付市场。但是绝大多数用户认为支付宝和微信支付的缠斗仅仅停留在国内，其实不然，在跨境支付市场中，两者的市场争夺同样激烈。

作为第一个获得跨境在线支付牌照的支付平台，蚂蚁金服旗下的支付宝早在2007年就开始布局海外。据不完全统计，支付宝的境外线下支付目前覆盖的范围超过40个国家和地区，接入了吃喝玩乐、交通出行等数十万家海外各类商户门店，范围涵盖餐饮、超市、百货、便利店、免税店、主题乐园、海外机场、退税等几乎所有吃喝玩乐消费场所，同时在超过80个国际机场提供实时退税服务。目前支付宝已经服务全球8.7亿活跃用户，这得益于"一带一路"沿线上9个国家和地区的本地版的"支付宝"，这面向的是超30亿人（将近全球近一半人口）的巨大市场。支付宝的出海方式，其主要依靠两大模式攻城略地；一是复制支付技术，二是与当地电子钱包达成友好合作。在复制支付技术获得成功后，支付宝开始与当地电子钱包合作，打通二维码渠道。

在支付宝不断攻陷海外市场的同时，微信支付也在竭尽全力。微信支付的国际化布局时间较晚，不过近年来扩张速度非常快。早在2016年11月份，泰国全境近万家

7-11门店实现全面接入微信支付。2018年7月,以售卖母婴、洗护等用品为主的零售商KISSBABY的"KISSBABY微信支付旗舰店"在香港屯门正式开业。2018年10月,新加坡电子支付提供商星网电子支付(Nets)与微信支付进行谈判,两者的合作将允许NetsPay用户在中国内地消费时直接扫描微信支付的二维码完成付款,并可以新加坡元结算。微信支付在追赶支付宝的脚步上双管齐下,一是针对国内的出境游旅客,不断增加合规的接入地区与可选择的清算币种,目前微信支付跨境业务已支持超过40个境外国家和地区的合规接入,支持超过13个币种直接交易,分别在我国香港和马来西亚获得支付牌照;二是面对海外居民的"本地钱包"服务。

就像当年国内智能手机纷纷布局境外市场一样,跨境支付的战场很快就会被国内企业争夺。究其原因,正是国内企业和个人加速"走出去",为跨境支付业务提供了广阔的市场空间。同时随着国内移动支付渗透率趋于饱和以及市场格局固化,跨境电子商务支付必将成为支付机构新的增长点。

任务一　跨境支付的方式

【任务导入】

近年来,网上支付作为支撑电子商务的体系之一,其重要性越来越为业界所重视。网上支付工具和支付模式的迅速发展给整个世界的经济和社会发展带来了一场深刻的变革,极大地改变了人们的交易方式和行为方式。其中,信用卡支付是非常重要的一种支付方式,那么到底什么是信用卡支付呢?如何在各种网站使用信用卡呢?它的安全防范有哪些?下面我们一起来学习相关内容。

【学习目标】

知识目标

1. 掌握跨境电子商务信用卡支付的使用范围和要求。
2. 熟悉信用卡支付的安全措施。

能力目标

1. 能说出三种常见的跨境电子商务支付方式。
2. 能掌握信用卡支付的安全防范措施。

跨境支付，是指两个或者两个以上国家或者地区之间因国际贸易、国际投资及其他方面所发生的国际债权债务借助一定的结算工具和支付系统实现资金跨国和跨地区转移的行为。例如中国消费者在网上购买国外商家产品或国外消费者购买中国商家产品时，由于币种的不同，就需要通过一定的结算工具和支付系统实现两个国家或地区之间的资金转换，最终完成交易。

跨境电子商务支付因为支付工具优势各异，便捷性和时效性也都不同。主要支付方式有三大类：一是信用卡支付（适合小额的跨境零售），二是银行汇款模式（适合大金额的跨境交易），三是我们常见的第三方支付。

1. 信用卡支付

在欧洲和美国，主流的付款方式还是信用卡。在欧洲和美国信用卡是连接个人信用资料的，所以信用卡是非常安全的付款方式。跨境电子商务网站可通过与VISA、MasterCard等国际信用卡组织合作，或直接与海外银行合作，开通接收海外银行信用卡支付的端口。适用范围：从事跨境电子商务零售的平台和独立B2C。目前国际上五大信用卡品牌有VISA、MasterCard、America Express Card、JCB、DinersClub，其中前两个使用人群较广泛。

（1）信用卡支付的特点

①方便性

消费者使用信用卡在线支付省去了传统支付方式的烦琐，如西联汇款（Western Union）、速汇金（Money Gram）、电汇（Telegraphic Transfer）首先要到相应的机构去办理相关业务，相对比较复杂，而赢支付（Wintopay）就可以省去这些复杂的步骤。

②实时性

实时是因为一切操作都在线完成，所以买卖双方都能够在最短的时间内知道支付成功与否，没有时间差，账款立即到账。

③市场性

全球信用卡持卡人将近60亿，拥有PayPal账号的将近一亿人，主要是美国PayPal用得多，欧洲地区很少用到PayPal，一般都用信用卡。

④安全性

安全是因为信用卡在线支付方式是由第三方支付公司提供服务，由于信用卡收款的第三方支付公司都是和银行及信用卡组织进行合作，所以除了第三方自身的风险控制系统外，更有强大的银行风险控制系统和信用卡组织的信用卡数据库作为保障，可以屏蔽掉有不良信用记录、盗卡消费嫌疑、高风险信用地区的支付（这也正是信用卡在线支付不可能达到

100%的支付成功率的原因），最大限度地保证交易的安全性。

另外，各国银行和信用卡组织对第三方支付公司提出了安全支付认证的要求，只有经过安全认证的第三方支付公司才有资格提供信用卡在线支付业务。

⑤流通性

如果一个网站或平台，只有自己有意购买的商品，但是不能提供方便的支付方式，消费者也许就会去其他能够提供便捷支付的网站购买同样的商品。这点大家应该能够理解，比如虽然 PayPal 是世界上拥有最多用户的第三方支付方式，但是毕竟不是每个人都有 PayPal 账户，但是在网络消费和信用卡消费发达的欧美地区几乎是人人都有信用卡，就相当于他们的身份证，在客户购买商品时总不能要求客户先去开通一个 PayPal 账户再来消费吧。最重要的是信用卡支付已经成为当今的国际支付主流，消费者已经习惯使用信用卡进行支付了。

（2）信用卡支付的安全措施

随着电子商务的发展和网络的普及，人们的日常消费方式也在发生着翻天覆地的变化，而那些原本需要出门才能采购的东西，现在只要在电脑上轻轻一点便有人送货上门。在购物方式发生巨变的同时，支付方式也在与时俱进，现在使用信用卡进行支付已经成为一种流行趋势。

然而，使用信用卡的人都知道用信用卡支付非常便捷，但是对于使用信用卡进行网上支付背后所具有的风险却不一定了解。信用卡支付的安全注意事项图如 6.1 所示。

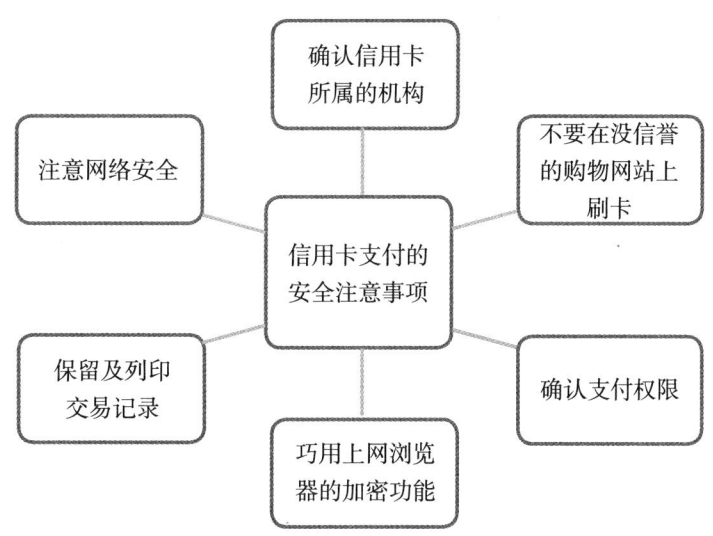

图 6.1　信用卡支付的安全注意事项

①确认信用卡所属的机构

尽管信用卡网上支付的范围正在不断扩大，但是一般支持网上支付的网站支持的信用卡种类还是有限制的。

②**注意网站的信誉度**

不要在没有信誉的购物网站上刷卡,当选择国内外的购物网站时,一定要选择具有知名度的商店。

③**确认支付权限**

有些银行(如工商银行)对普通用户网上支付单笔最高金额设置了限制,比如不可超过1500元等。即使是同一银行的同一种类型的信用卡,也会由于用户所设置的交易安全确认方式不同而限额不同。因此,在开通网上支付功能时,要清楚开户银行在单笔支付金额上是否有限制,以免因此而无法交易成功。

④**使用浏览器的加密功能**

不论是IE或NETSCAPE浏览器,目前都具有加密的功能,尤其是在线上刷卡购物时,在网页上都会出现金钥匙或者保密程度的交谈对话框。只要浏览器上显示安全程度不够或者资料传输有可能遭他人窃取的字样时,就不要刷卡。

⑤**保留及列印交易记录**

将订购单的网页分别进行存档及列印,这样既可以让自己随时查询究竟买了哪些东西及花了多少钱,又可以在发生购物纠纷时作为购物证明。使用信用卡进行网上支付最好选用提供随时开通、关闭网上支付功能的信用卡,随用随开通,支付完毕后即刻关闭网上支付功能。

2. 电子汇款

电子汇款是在实际外贸中运用最多的支付方式,大额的交易基本上都选择该种方式,低于1万美元高于1000美元的订单也可以选择此方式。

(1)电汇银行手续费

电汇的银行手续费一般分为三部分:第一部分是付款人付款,银行产生手续费,可以由付款人单独支付,也可以在付款金额中扣去;第二部分为中转银行的手续费,一般在汇款金额中扣取;第三部分为收款人收款行的手续费,从汇款金额中扣取。

(2)电汇到账时间

电汇的到账时间是大家最关心的问题。电汇时间,根据银行不同区别很大,从三个工作日到一周不等。

(3)西联汇款

西联汇款是国际汇款公司(Western Union)的简称,是世界上领先的特快汇款公司,它拥有全球最大、最先进的电子汇兑金融网络,代理网点遍布全球近200个国家和地区。

使用西联汇款支付大概需要花费 15 分钟的时间。只需要告诉客户你的联系方式（名字、地址、电话），无须银行账号。客户汇款之前会给你如下信息：Sender，即客户的姓名；Receiver，即收款人的姓名；MTCN，是一串号码。汇款前你提供给客户的是你的身份证上的姓名（拼音）。汇款后客户提供给你的信息有：汇款人的姓名，汇款人的国家，汇款的币种和金额。西联的付方承担手续费，不同国家费用不一样。

3. 第三方支付

2012 年，第三方海外服务商开始大规模进入跨境电子商务领域。目前，中国大多数跨境电子商务都使用的是第三方海外收款方式。使用第三方海外收款账户有一定的优势，它的办理手续很方便，支持的平台也比较多，但也存在一些弊端，对于一些新兴市场而言，有很多币种还没有覆盖。

目前来看第三方支付中，小额支付还是首选 PayPal，PayPal 是一个国际第三方在线支付工具，在线付款方便、快捷，另外可以消除卖家付款后收不到货的隐忧，国外买家使用率在 80% 以上，买家覆盖面广，尤其是欧美地区。

另外，开通 PayPal 可以带来更多订单，只需要用一个邮箱去注册，开户是免费的，作为一个第三方工具，同支付宝一样 PayPal 买家有什么问题可以向 PayPal 进行投诉。

有一个问题需要注意，"PayPal" 和 "贝宝" 的区别。它们之间的区别类似于支付宝的国际版和国内版，"PayPal 国际站" 允许在 55 个国家和地区发送和接受付款，而 "贝宝" 是它的中国版，只能向中国用户发送和接受付款。此外，无论是买家还是卖家使用 PayPal 都是免费的，所以小额支付还是首选 PayPal。

【任务练习】

1. 跨境支付的方式有哪些？分别举例说明。
2. 你用过哪些跨境支付工具，谈谈你的使用感受。

任务二　第三方支付——以国际支付宝为例

【任务导入】

近年来，网上支付作为支撑电子商务的体系之一，其重要性越来越为业界所重视。网上支付工具和支付模式的迅速发展给整个世界的经济和社会发展带来了一场深刻的变革，极大地改变了人们的交易方式和行为方式。其中，国际支付宝支付是非常重要的一种支付方式，那么到底什么是国际支付宝呢？如何在各种网站使用国际支付宝呢？它的安全防范措施有哪些？下面我们一起来学习相关内容。

【学习目标】

知识目标

1. 掌握国际支付宝的使用范围和要求。
2. 熟悉国际支付宝支付的安全措施。

能力目标

能使用国际支付宝在速卖通跨境电子商务网站完成绑定支付。

1. 国际支付宝简述

国际支付宝（Escrow）由阿里巴巴与支付宝联合开发，旨在保护国际在线交易中买卖双方的交易安全所设的一种第三方支付担保服务。如果用户已经拥有国内支付宝账户，只需绑定国内支付宝账户即可，无须再申请国际支付宝账户。如果用户还没有国内支付宝账号，可以先登录支付宝网站申请国内的支付宝账号，再绑定即可。

绑定国内支付宝账户后，用户就可以通过支付宝账户收取人民币。国际支付宝会按照买家支付当天的汇率将美金转换成人民币支付到卖家的国内支付宝或银行账户中。用户还可以通过设置美金收款账户的方式来直接收取美元。

国际支付宝的服务模式与国内支付宝类似：交易过程中先由买家将货款打到第三方担保平台的国际支付宝账户中，然后第三方担保平台通知卖家发货，买家收到商品后确认，货款放给卖家，至此完成一笔网络交易。

2. 国际支付宝的使用范围

国际支付宝的第三方担保服务是由阿里巴巴国际站同国内支付宝（Alipay）联合支持提供的。速卖通平台只是在买家端将国内支付宝改名为国际支付宝。

买家群体更加喜欢和信赖 Escrow 一词，认为 Escrow 可以保护买家的交易安全。而在卖家端，速卖通平台依然沿用国际支付宝一词，只是国际支付宝相应的英文变成了"Escrow"。

在使用上，只要买家有国内支付宝账号，无须再另外申请国际支付宝账户。当买家登录到"我的阿里巴巴"后台（中国供应商会员）或"我的速买通"后台（普通会员），买家可以绑定国内支付宝账号来收取货款。

目前，国际支付宝支持 EMS、DHL、UPS、FedEx、TNT、SF、邮政航空包裹七种国际运输方式,只要能够通过这七种运输方式发货的产品,都可以使用国际支付宝进行交易。暂时不支持海运。

为降低支付宝用户在交易过程中产生的交易风险,目前支付宝支持单笔订单金额在10000美金(产品总价加上运费的总额)以下的交易。

如果货物申报价值在600美元以下,快递公司会进行集中报关;如果货物申报价值超过600美元,您可提供全套的报关单据,委托快递公司进行代报关。

买家使用VISA和MasterCard信用卡支付时,无法进行核销退税;买家使用T/T银行汇款支付时,卖家报关后可以进行核销退税。

3. 国际支付宝的特点

(1)支付的多样性

目前,国际支付宝支持的支付方式有信用卡、T/T银行汇款,后续将会有更多的支付方式接入进来。

(2)安全性

国际支付宝是一种第三方支付担保服务,而不是一种支付工具。它的风险控制体系可以保护买家在交易中免受信用卡盗卡的危险,而且只有当且仅当国际支付宝收到了买家的货款,才会通知卖家发货,这样可以避免买家在交易中使用其他支付方式导致的交易欺诈。

(3)便捷性

使用国际支付宝收款无须预存任何款项,速卖通会员只需绑定国内支付宝账号和美金银行账户就可以分别进行人民币和美金的收款。线上支付,直接到账,足不出户即可完成交易。

4. 国际支付宝申请流程

(1)已有实名认证的支付宝企业账户

申请开通只针对企业账户,企业注册资本必须大于等于10万元或已签约支付宝即时到账产品半年以上;个人账户和香港公司、美国公司等海外公司不能开通本服务;合资公司可以,但必须是中国工商部门发的营业执照。

(2)未申请支付宝企业账户

①支付宝官网首页注册

注册企业账户时,如实填写企业信息,否则会被支付宝风险控制部门审核拒绝。

网站经营的产品或服务，必须和营业执照上的经营范围相符，比如做游戏虚拟币的最好是带有"信息""网络""软件"等字样的公司。

②支付宝企业账户认证

需要准备以下材料：

第一，公司营业执照；

第二，公司组织机构代码证，原件或副本皆可；

第三，法人身份证正反面；

第四，公司银行账户号码，基本户和一般账户皆可；

第五，提交申请人如非法定代表人需提供企业委托授权书，委托书关键是盖公司章。

以上材料可以扫描也可以拍照，清晰即可，图片不能模糊，更不能有处理的痕迹。

③申请流程

账户审核通过以后，注册邮箱会收到支付宝邮件，申请开通支付宝国际卡。

a. 选择自助签约——外卡收单（返手续费）（受限）

"返手续费"的意思是发生退款的时候，会返还退款订单的手续费到商户支付宝账户；"受限"的意思是退款返手续费的周期是有限制的，三个月之内退款的手续费是退还的。

b. 选择注册"企业账户"

选择注册"企业账户"，这项服务属于企业国际收款服务，个人账户无法使用；一个企业可以拥有多个企业支付宝账户，之前因天猫等业务已经拥有企业支付宝账户的，可以用同一企业名称注册，但要重新注册一个企业账户，并和之前的账户关联认证。注册新的企业账户时也不需要烦琐地提交资料，只需要登录新账户去关联认证即可。

c. 提交相应资料（图6.2）

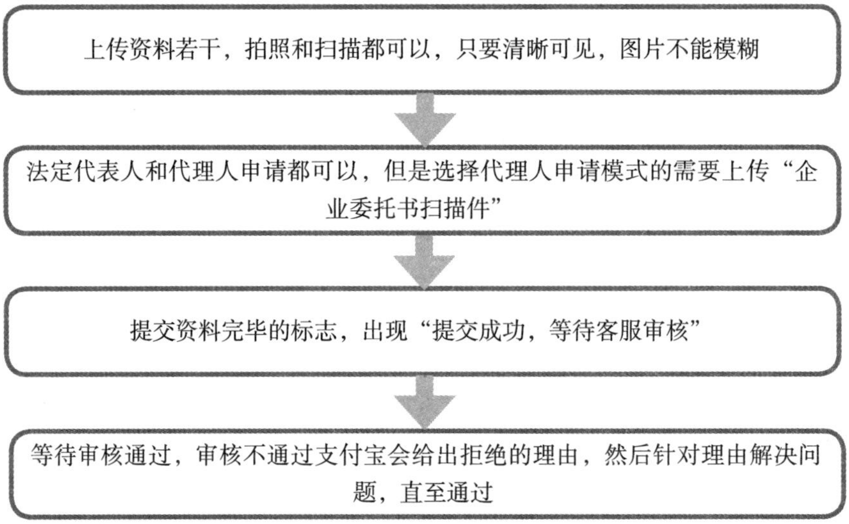

```
┌─────────────────────────────────────────────────────┐
│ 上传资料若干，拍照和扫描都可以，只要清晰可见，图片不能模糊 │
└─────────────────────────────────────────────────────┘
                          ↓
┌─────────────────────────────────────────────────────┐
│ 法定代表人和代理人申请都可以，但是选择代理人申请模式的需要上传"企 │
│ 业委托书扫描件"                                        │
└─────────────────────────────────────────────────────┘
                          ↓
┌─────────────────────────────────────────────────────┐
│ 提交资料完毕的标志，出现"提交成功，等待客服审核"           │
└─────────────────────────────────────────────────────┘
                          ↓
┌─────────────────────────────────────────────────────┐
│ 等待审核通过，审核不通过支付宝会给出拒绝的理由，然后针对理由解决问 │
│ 题，直至通过                                          │
└─────────────────────────────────────────────────────┘
```

图6.2　国际支付宝注册流程

5. 国际支付宝注意事项

国际支付宝支持的国际信用卡卡种为 VISA、Master Card、JCB，其开通时无开户费和年费，一般在申请时需缴纳风险保证金，保证金由风险控制部门统一评估，根据客户网站行业、风险、交易量等情况，保证金额度不一。一个普通电子商务网站保证金约为 2 万元，账户开通后直接充值支付宝企业账户。支付宝国际卡手续费标准分别为：VISA 和 Master Card 是 3.0%～3.9%，JCB 是 3.5%～4.0%。国际支付宝的结算周期为即时到账，直接以人民币结算到你的支付宝企业账户，可立即使用，可以提现到公司银行账户，也可以直接转账给其他支付宝个人账户。交易币种为人民币、美金，收款币种不限制，但结算币种为人民币。国际支付宝通道稳定，使用国际支付宝资金安全有保障，结算速度快，直接结算人民币到支付宝账户。支付宝有专门的风险控制人员帮助商户提交拒付资料和风险控制，并且保证 3 个月以内的交易商户可以在后台直接操作退款，退款的话，手续费是返回给商户的。

6. 国际支付宝企业申请示例

（1）申请认证

登录国际支付宝首页（www.alipay.com），找到认证入口，如图 6.3 所示，单击"申请认证"。

图 6.3　申请认证

（2）填写认证信息

进入填写信息页面，请正确填写公司名称、营业执照注册号和校验码，如图 6.4 所示。

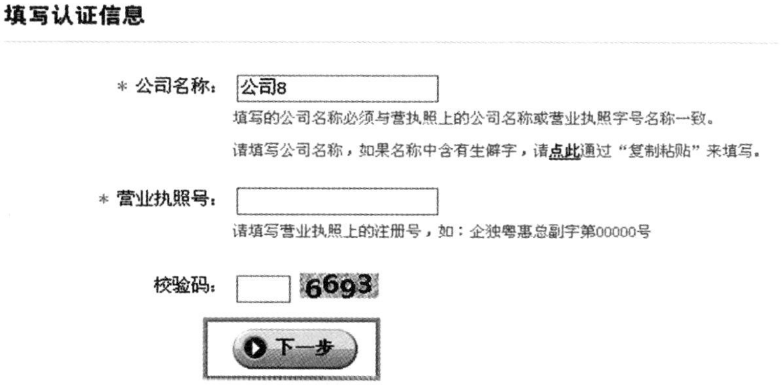

图 6.4　填写信息

公司名称需与营业执照上完全一致,填写后即进入具体信息提交页面,如申请人不是公司法定代表人,请下载委托书。

(3)实名认证

组织机构代码、企业经营范围、企业注册资金、营业执照有效期可以选择填写,如图6.5 所示。

图6.5 填写认证信息

（4）核对信息，进入审核页面（图6.6、图6.7）

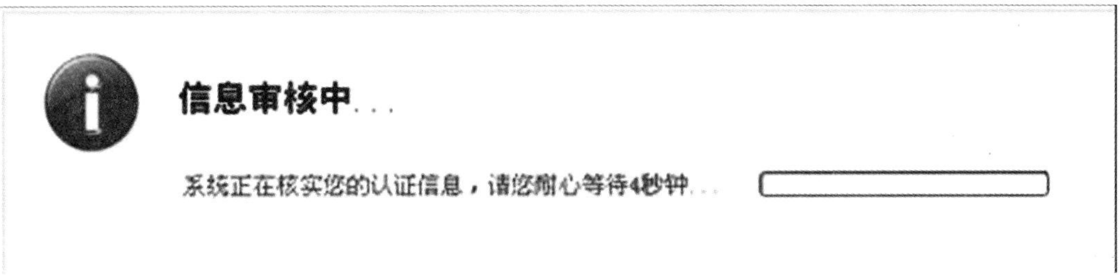

信息审核中...

系统正在核实您的认证信息，请您耐心等待4秒钟...

图6.6　信息审核

第❷步：审核身份信息

正在对您的营业执照审核中，请您耐心等待。

如果您不想继续认证，可以 ➡ 撤销本次认证申请。为了保障账户安全，系统将不会保留您之前提交的所有信息。

图6.7　审核身份信息

（5）确认汇款金额

商家信息审核成功后，将在1至3个工作日内给其银行卡打款，如图6.8所示。

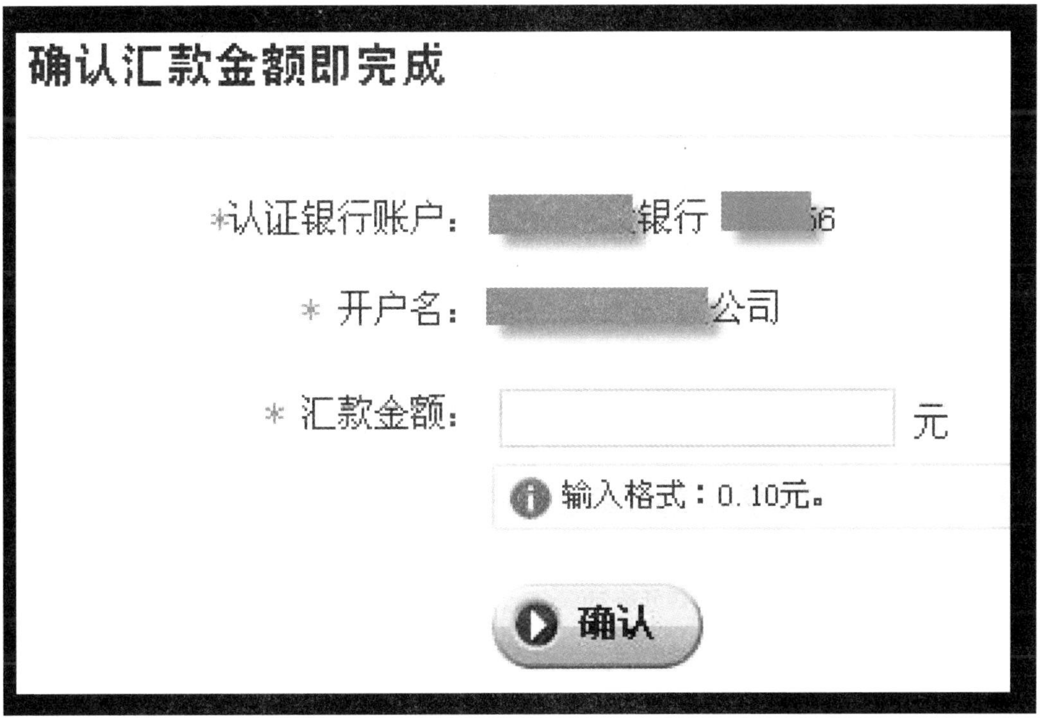

确认汇款金额即完成

＊认证银行账户：█████银行████56

＊开户名：██████公司

＊汇款金额：_____ 元

ⓘ 输入格式：0.10元。

▶ 确认

图6.8　确认汇款金额

（6）认证成功（图6.9）

图 6.9　认证成功界面

【任务练习】

1. 国际支付宝是什么？
2. 国际支付宝的使用范围。
3. 国际支付宝的特点。
4. 说说国际支付宝的申请流程。
5. 使用国际支付宝在速卖通跨境电子商务网站完成绑定支付，并设置国际支付宝支付的安全防范措施。

任务三　账户的创建、绑定及认证——以 PayPal 为例

【任务导入】

PayPal 是 eBay 旗下的一家公司，致力于让个人或企业通过电子邮件，安全、简单、便捷地实现在线支付和接收款项。PayPal 账户是 PayPal 公司推出的最安全的网络电子账户。PayPal 在全球 190 个国家和地区支持多达 24 种货币的交易；在 eBay 跨国贸易中，PayPal 为用户提供安全、高效的一站式支付方案，集国际流行的信用卡、借记卡、电子支票等支付方式于一身，帮助买卖双方解决各种交易过程中的支付难题。目前在跨国交易中超过 90% 的卖家和超过 85% 的买家认可并正在使用 PayPal 电子支付业务。下面我们就一起学习 PayPal 支付的相关知识。

【学习目标】

知识目标

1. 掌握 PayPal 的使用范围和要求。
2. 熟悉 PayPal 支付的安全措施。

能力目标

1. 能使用 PayPal 在 Ebay 等跨境电子商务网站完成绑定支付。
2. 能设置 PayPal 支付的安全防范措施。

1. PayPal 支付简述

纵观全球跨境支付行业，PayPal 凭借其先入优势、全球化布局占据美国市场；MOL 旗下的 MOLPay、MOLPoints 作为东南亚最大的支付服务提供商，在东南亚地区拥有强大的竞争力；SOFORT Banking 成为欧洲地区首选的在线支付方式；Qiwi 抓住了俄罗斯及周边地区的发展机遇，强势崛起；CashU 成了阿拉伯地区主流的支付方式；POLi 成了大洋洲最具竞争力的支付公司；而 Boleto、Paytm，则因地制宜地发展巴西、印度地区的在线支付业务。

PayPal 是全球支付先驱，特别是在北美地区，具有垄断性的统治地位。PayPal 支持 194 个国家，全球活跃用户接近 2 亿，通用货币涵盖加元、欧元、英镑、美元、日元、澳元等 24 种。从以上数据足以看出 PayPal 的影响力和覆盖面。

PayPal 背靠的是全球电子商务巨头 eBay，eBay 作为全球电子商务巨头，给 PayPal 带来的交易流量是不可估量的。

PayPal 的支付方式主要有无磁无密、账户支付两种。其中，无磁无密的意思是用户绑定信用卡后，即可进行无密消费。由于 PayPal 讲求的支付闭环，也就是说交易双方必需的用户，因此电子支付的安全能够得到很好的保障。

但是，PayPal 依然有一定的问题。PayPal 交易的手续费为每笔收取 3.9%，还要加上交易流水的费率，费率方面还是略高，外币提现为本币的交易手续也较为繁杂。在买卖双方利益方面，PayPal 对买家利益的过度重视致使卖家账户常常容易被冻结。

2. 跨境电子商务支付——PayPal 支付的基础设置

（1）买家与卖家的注册流程

进入 PayPal 官网（www.PayPal.com），注册账号，账号区分买家和商家。

买家流程如图 6.10 所示。

免费注册
填入邮箱地址、姓名、出生日期、手机号码等个人基本信息。

关联银行卡
将信用卡或借记卡信息关联到 PayPal 账户，只需操作一次。我们会保护您的登录信息和财务信息，防止您在购物时泄露卡信息。

使用 PayPal 结账
结账时只需输入 PayPal 邮箱地址和密码，无须重复输入银行卡信息。

图 6.10　买家注册流程

卖家流程如图 6.11 所示。

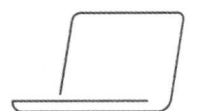    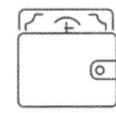

注册账户
无论个体或企业，都请选择注册"商家账户"。注册后请记得验证邮箱地址，以便能收到款项。

账户认证
您需要先认证银行账户或银行卡信息，才能从 PayPal 账户提现。

开始收款
按照您的业务类型和收款偏好选择适合您的收款方案，开始收款。

资金提现
您可以通过 PayPal 快捷人民币提现服务等提现方式，将款项转至您自己的银行账户。

图 6.11　卖家注册流程

（2）账户创建

①注册账号

打开 PayPal 首页，根据身份不同，分"个人买家"和"商家"进入注册页面，如图 6.12 所示。

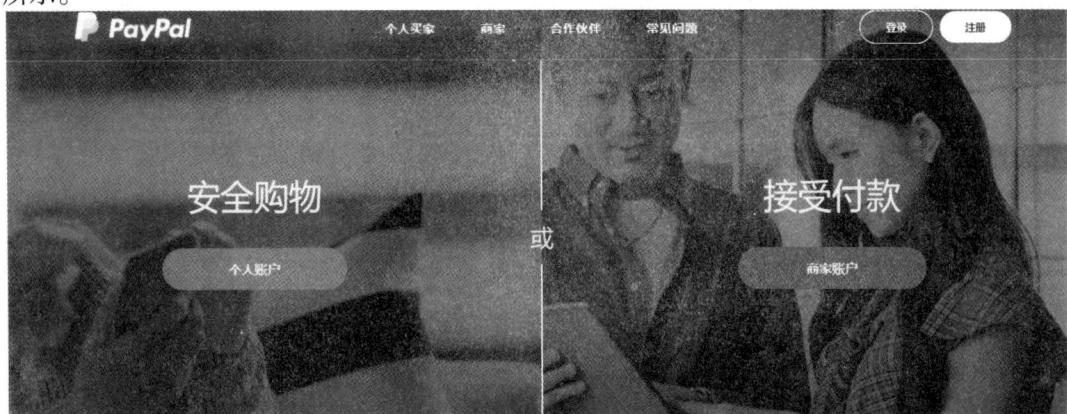

图 6.12　注册页面

②选择高级账户开始注册(图6.13)

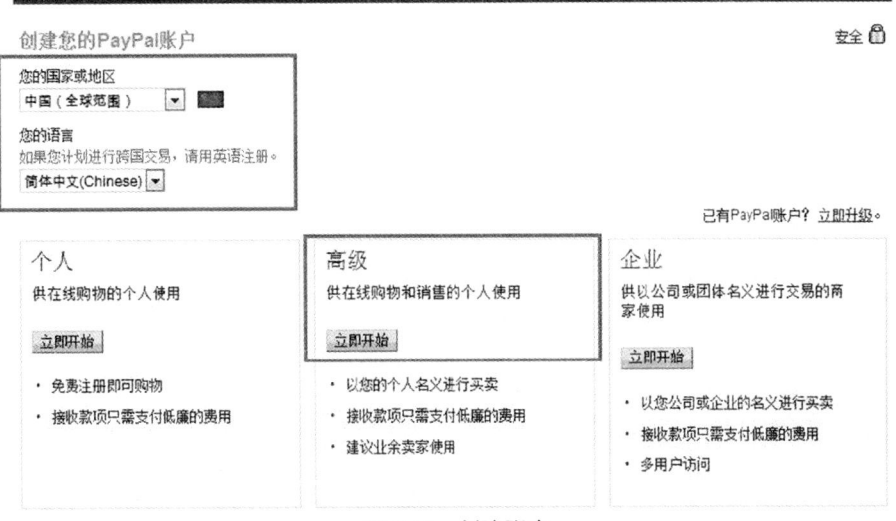

图6.13 创建账户

这里需要注意的是,国际地区一定要选择中国,语言可选中文或英文。高级账户可以以个人名义开通,如需要注册企业账户,需明确提现的美金银行账户为公司账户。

③填写注册信息(图6.14)

图6.14 填写注册信息

这里姓名必须与银行账户姓名一致，地址可选中文或英文，但是地址同姓名一样必须与注册人有关。

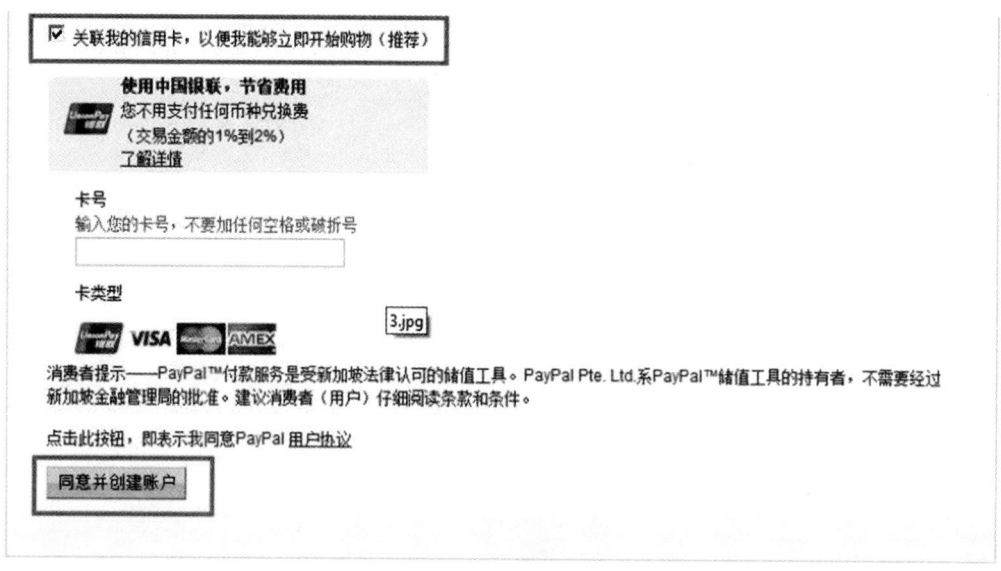

图6.15 关联信用卡

在首页注册页面的最底端，要注意是否管理信用卡信息，如果不需要，则不要勾选。单击"同意并创建账户"（图6.15），完成账户创建。

（3）账户绑定

①设置密码提示问题（图6.16）

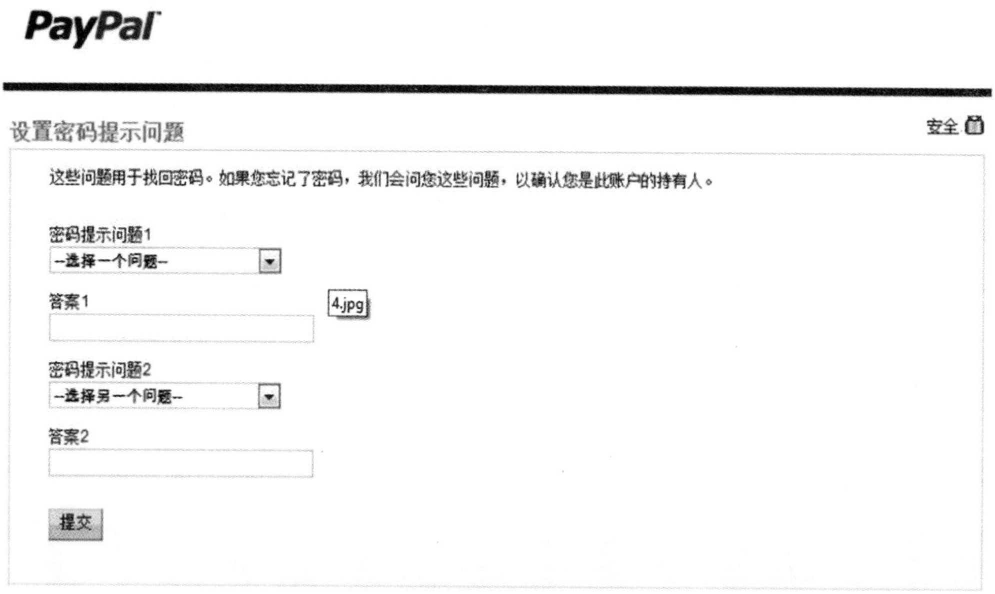

图6.16 设置密码提示问题

②添加信用卡信息（图6.17），如未关联，则直接跳转至"我的Paypal"

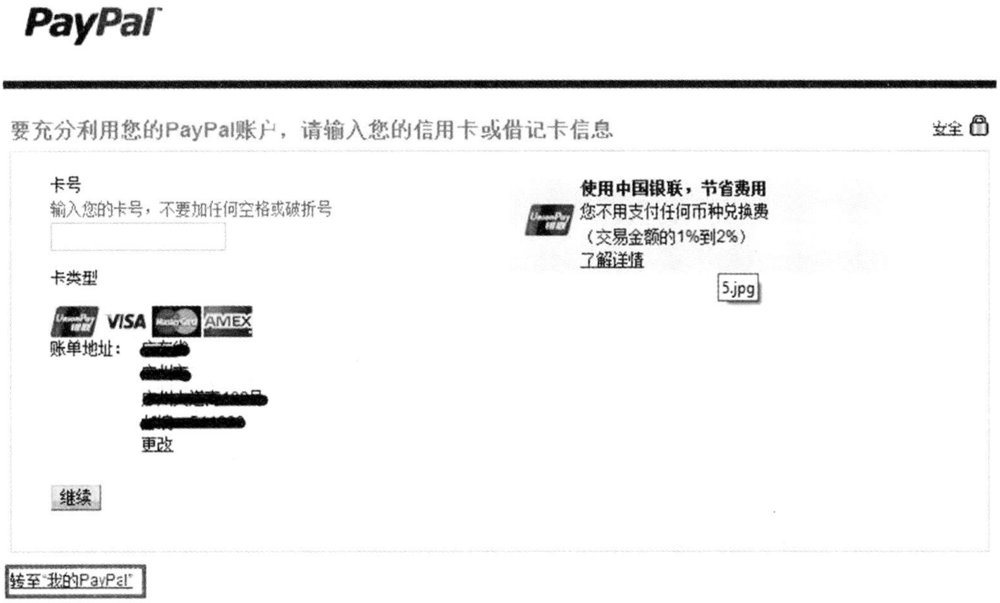

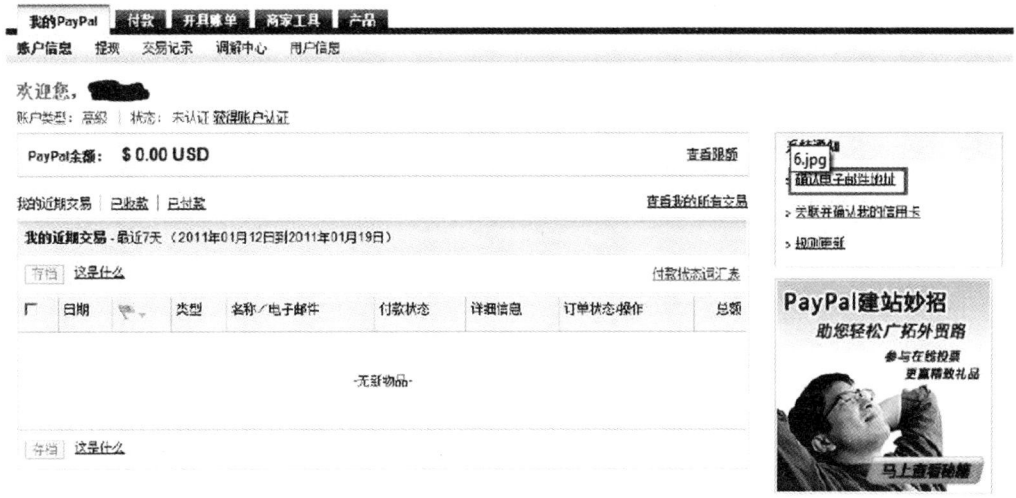

图6.17　添加信用卡信息

（4）激活账户

①邮箱激活（图6.18）

图6.18　激活邮箱

一般情况下，此时PayPal会发送一封激活邮箱的邮件，内容包含确认代码（图6.19），此时将代码复制。

图 6.19　确认代码

②回到 Paypal 主页面，单击"确认邮件地址"（图 6.20）

图 6.20　确认邮件地址

单击启用，即完成了全部注册流程。

【任务练习】

1. PayPal 支付是什么？
2. 参考书中内容，完成 PayPal 支付的注册。

项目七 跨境电子商务的国际物流与通关

项目概述

随着跨境电子商务的发展和普及,如今的企业和消费者对跨境电子商务的物流有了更快、更准、更有效的要求,这就要求我们对跨境电子商务的国际物流与通关的基础有一定的了解,并且在此基础上思考、研究创新跨境电子商务的国际物流与通关的方式和方法。本项目从跨境物流的种类讲起,并介绍了海外仓服务模式。为了让大家更加真实地感受跨境电子商务物流,还介绍了常用的跨境设备和工具。通过教授大家物流模版跨境包裹单的填写,使大家掌握跨境物流的基础技能。最后介绍了跨境电子商务的通关流程和通过要求。本项目深入浅出、理论与实际相结合,大家在学习完本项目后对跨境电子商务的物流和通关将会有全新的认知。

案例思考

跨境电子商务竞争带来的巨头物流抢位战

人工智能以及区块链等代表的新一代数字科技的兴起,给跨境电子商务等行业带来了新的机遇,也对跨境物流的速度提出了更高的要求,以京东、阿里巴巴为代表的电子商务巨头在跨境物流赛道上开始全面竞技。跨境电子商务已进入多种模式并存的成熟期。争取海外品牌进驻,是跨境电子商务巨头的争夺重点。全球巨头亚马逊的优势之一,正是大量著名品牌的进驻。在与海外品牌合作方面,中国跨境电子商务也采取了积极的态度。目前,天猫国际已展开与Costco、Chemist Warehouse、梅西百货、松本清、麦德龙等境外大牌零售商的合作,不少国际奢侈品品牌已进驻天猫。数据显示,截至2017年底,天猫国际共引进全球68个国家和地区近4000个进口品类1.6万海外品牌,其中不乏众多首次踏入中国市场的新品牌。与天猫不同,京东则全力开展海外直采。据悉,沃尔玛全球官方旗舰店已高调入驻京东全球购,沃尔玛旗下的高端会员制商店山姆会员店和英国超市品牌ASDA也与京东联手,前者出现在京东商城平台,后者入驻了京东全球购。此外,京东全球购还与意大利中高档家电品牌"德龙"(De'Longhi)等展开战略合作。2018年以来,跨境电子商务碎片化、国际化趋势越发明显。不仅大品牌平台,中国的跨境电子商务平台也已经成为海外品牌进入中国市场的敲门砖。积极与中国电子商务企业开展合作，海外民众对中国跨境电子商务的关注度也开始不断提升。

随着中国与"一带一路"沿线国家加强战略合作，相关国家的跨境电子商务业务成为中国跨境电子商务行业争夺的重点。2018年6月，京东物流与哈萨克斯坦国家铁路公司宣布，在跨境物流、供应链网络构建等领域展开全方位深度合作。继开通首趟中欧班列电子商务物流专列、全面升级全球仓储网络后，这是京东物流近一个月内第三次加码跨境物流。为了解决国际快递运费首重费用较高的问题，京东专门开发了国际拆包/合包物流交接平台，不仅降低了国际运费，更节省了时间。目前，京东跨境供应链网络已经包含十余个跨境口岸、110多个海外仓、近千条全球运输链路以及中国全境的配送网络，覆盖全球224个国家和地区。同一时间段，菜鸟网络则联合中国航空、圆通速递宣布，将在全球最繁忙的货运空港——香港国际机场建设一个世界级的物流枢纽，为全球72小时必达的物流网络提供有力支撑。而更早之前的3月份，菜鸟开通了杭州至莫斯科的首条电子商务专属洲际航线。

跨境电子商务的迅猛发展，对跨境物流的速度提出了更高要求，以京东、阿里巴巴为代表的电子商务巨头在跨境物流赛道上开始全面竞技。中国跨境电子商务已经成为海外品牌进驻中国市场时重要的分销渠道，但物流成本压力大、运输周期较长、跨境包裹难溯源等问题则是跨境电子商务保持对海外品牌商吸引力时需要应对的难题。在日益激烈的跨境电子商务服务中，品质保证、退换货、信息安全、对商品的收集、储存、上架销售、运送出货等服务，成为跨境电子商务的核心竞争力之一。

任务一　跨境物流的种类

【任务导入】

跨境电子商务的风起云涌带动了相关链条的发展，国际物流也随着跨境电子商务的发展而风起云涌。目前，跨境电子商务物流主要模式还是传统的大件用海运、小件走邮政，但随着保税区、自贸区等概念的出现，海外仓、边境仓、国际物流专线、四方物流等新兴物流模式逐渐兴旺起来。国内的很多物流速递公司如顺丰、圆通开始涉足其中，顺丰公司借助其完整的供应链，不仅开设了跨境专线，还搭建了"丰趣海淘"商城。跨境物流与跨境电子商务的匹配与协调，实现跨境物流的纵向协调和横向协调及其与环境的协调发展，我们要想在未来的跨境市场中学有所用首先要了解其基础。只有打下夯实的基础，才能在跨境物流这一新兴发展行业中得以施展。下面我们一起了解一下跨境物流的种类。

【学习目标】

知识目标

1. 了解跨境邮政物流。
2. 了解国际商业快递物流。
3. 了解国际专线物流。

能力目标

1. 能说出常见的国际物流种类。
2. 能根据商品给出合适的物流方案。

1. 跨境邮政物流

邮政物流就是指通过当地的邮局将本地发送的货品送交到海外买家的手中。邮政物流渠道分为中邮平常小包+、中邮挂号小包、中邮大包以及其他国际邮政小包。不同的邮政物流服务，对于货物属性的要求以及收费标准是不一样的。

说到邮政，我们首先要了解一个组织，叫作万国邮政联盟（Universal Postal Union，UPU），其前身是1874年10月9日成立的"邮政总联盟"，是商定国际邮政事务的政府间国际组织，1978年7月1日起成为联合国一个关于国际邮政事务的专门机构。现在覆盖全球220个国家的邮政体系，为国际邮政业务制定公约。

邮政的服务体系根据服务对象和运输品不同分为四种类型，分别是：中邮平常小包+、中邮挂号小包、中邮大包、国际邮政小包。

（1）中邮平常小包+

中邮平常小包+是针对金额7美元以下的小件物品推出的空邮产品，不需要挂号费，适合低货值的小件物品。不过，目前在速卖通平台上运送范围仅开通了25个国家，依次为：阿根廷、爱尔兰、澳大利亚、巴西、比利时、波兰、俄罗斯、丹麦、德国、法国、荷兰、加拿大、捷克、美国、墨西哥、挪威、葡萄牙、瑞典、土耳其、乌克兰、西班牙、以色列、意大利、英国、智利。当然，如果是线下通过货代发货则无任何限制。

不过，中邮平常小包+只提供国内段追踪信息，一旦货物交航之后，无法追踪，所以风险很大。中国邮政目前只针对可直飞的国家提供了平常小包+服务。

平常小包+的运费是按克计费的，货物寄送有相应限制：违禁品不能发运；液体及带电产品不能发运。正常情况下，16~35个工作日到达目的地；特殊情况为35~60个工作日。所谓特殊情况是指节假日、政策调整、偏远地区等。

（2）中邮挂号小包

挂号小包在重量、体积限制上和平常小包＋是一样的，针对货物寄送的限制也是一样的，区别在于挂号小包支持发往全球绝大多数地区，基本上只要有邮局的国家都可以通邮。另外就是其全程可跟踪查询，收取挂号费。

平常小包＋和挂号小包的重量及体积限制参考表，如表 7.1 所示。

表 7.1　平常小包＋和挂号小包的重量及体积限制参考表

包裹形状	重量限制	体积限制
非圆筒货物	2 kg	长+宽+高≤90 cm，单边长度≤60 cm，长度≥14 cm，宽度≥9 cm
圆筒形货物	2 kg	直径的两倍+长度≤104 cm，单边长度≤90 cm，直径的两倍+长度≥17 cm，长度≥10 cm

（3）中邮大包

中邮大包是指针对 2 kg 以上、30 kg 以下（部分国家限重 20 kg）的大件物品而推出的寄送服务。货物寄送限制同中邮小包是一致的。支持全球发货，全程可跟踪查询。运费是按千克计费。中邮大包包括中邮航空大包（Air）、中邮空运水陆路大包（Sal）、中邮水陆路大包（Surface）。

中邮大包的重量及体积限制表，如表 7.2 所示。

表 7.2　中邮大包的重量及体积限制表

重量限制	最大体积限制	最小体积限制
0.1 kg≤重量≤30 kg 部分国家不超过 20 kg 每票快件不能超过1件 按kg收费	单边≤1.5 m 长度+长度以外的最大横周和≤3 m 部分国家单边≤1.05 m 长度+长度以外的最大横周和≤2 m	最小边长不小于0.24 m 宽不小于0.16 m

（4）国际邮政小包

除了中国邮政小包之外，还有其他国家的小包，比如新加坡邮政小包、香港邮政小包等。不过万国邮政联盟公约有规定，非本国邮局不能在其他国家直接揽收邮件，所以要采取国际邮政小包业务，需要通过一些货代公司空运至该国后再做分拣，然后发往买家所在国家，最后派送至买家手中。

2. 国际商业快递物流

与其他的物流渠道相比，商业快递最大的优势是"时效"。好的时效意味着好的客户体验，大大地缩短了卖家在平台上资金的回款周期。但是好的时效，也意味着价格昂贵。

了解不同商业快递各自的优点、缺点以及竞争力非常重要,这样才能在跨境电子商务领域控制好成本的同时提供更好的服务。

在国际商业快递物流行业中,对于中国客户而言比较熟悉的是 UPS、FedEx、TNT、DHL 和 EMS。

(1) UPS

联合包裹速递服务公司(UPS)1907 年成立于美国,是世界上最大的快递承运商与包裹递送公司,同时是专业的运输、物流、资本与电子商务服务的领导性的提供者。UPS 在欧美国家的时效性较强。

UPS 速度快、服务好。货物可送达全球 200 多个国家和地区;网站信息更新快,解决问题及时,可以在线发货、全国 109 个城市提供上门取货服务。但是运费较高,要计算产品包装后的体积重,对托运物品的限制比较严格。

(2) FedEx

美国联邦快递(FedEx)创立于 1971 年,总部位于美国。现每个工作日约派送 320 万件包裹及超过 600 万磅的货物。在欧美地区以及东南亚地区较为常用,因为价格相对合理。FedEx 网站信息更新快,网络覆盖全,查询响应快。但价格较高,需要考虑产品体积重,对托运物品限制比较严格。

(3) TNT

TNT 快递成立于 1946 年,总部位于荷兰。其国际网络覆盖世界 200 多个国家,提供一系列独一无二的全球整合性物流解决方案。TNT 在西欧国家和中东地区普及性很高。TNT 速度较快,可送达国家较多,查询网站信息更新快,遇问题响应及时。但使用时需要考虑产品体积重,另外对所运货物限制比较多。

(4) DHL

DHL 是欧洲最大的快递公司,也是最早的国际物流公司。1969 年,DHL 开设了第一条从旧金山到檀香山的速递运输航线。实力强劲,整体服务方案最为实惠。目前与中国对外贸易运输总公司合资成立了中外运敦豪,在国内 21 个城市设立了 130 多个办事处,形成了国内最具规模、覆盖面最广的空运速递网络。DHL 运送速度快,可送达国家网点较多,查询网站货物状态更新较及时,问题解决速度快。但是走小货的话,价格较高不划算,也需要考虑产品体积重,对托运物品限制比较严格,拒收许多特殊商品。

(5) EMS

邮政特快专递服务(EMS),虽然属于邮政系统管辖,但它的运作模式是商业快递,只是在部分要求上与其他商业快递不同。不过因为其邮政背景,在海关、航空等部门均享有优先处理权,它主要为用户传递国际、国内紧急信函、文件资料、金融票据、商品货样等各类文件资料和物品。此外,EMS 运费较便宜,按重量计费,500g 以下物品可按文件价格计算,可当天收货,当天操作,当天上网,清关能力较强。但是其查询网站信息滞后,通达国家较少,一旦出现问题查询只能做书面查询,时间较长。

此外,国内的很多知名快递公司都已经开通国际业务,比如顺丰公司。2014 年 11 月 11 日,顺丰优选海购平台"优选国际"上线;2015 年 1 月 8 日,顺丰自营的跨境 B2C 电商网站"顺丰海淘"(后更名为"丰趣海淘")正式上线。

圆通公司在 2015 年 1 月中旬,宣布开启海外直购,旗下电商平台"一城一品"正式启动海外直购业务。韵达公司在 2015 年 2 月上线跨境电商网站"优递爱"(UDA)。2015 年 3 月,中通公司的"中通国际"上线,并收购俄速通 20% 的股权,开始涉足中俄跨境物流。

3. 国际专线物流

专线物流服务主要是依托发件国与收件国的业务量规模,一般是通过航空包舱的方式将货物运输至海外,然后通过合作公司对货物进行目的地国内配送。

目前,市面上最普遍的专线物流产品有美国专线(国际 e 邮宝)、西班牙专线(中外运 - 西邮标准小包、中外运 - 西邮经济小包)、俄罗斯专线(中俄航空 Ruston、中通俄罗斯专线、139 俄罗斯专线、中俄快递 -SPSR 等)、中东专线(Aramex)、南美专线(燕文专线)等。

专线物流的主要特点是针对目的地国家收件量大的情况,其性价比相对于国际小包与商业快递是最高的。在尺寸与重量的要求方面与国际小包相同,时效上虽然不及商业快递,但已经远比国际小包快很多。通常专线物流的时效在 2~3 周,最快的可能会在 1 周之内。

下面以俄速通为例进行分析。俄速通是由黑龙江俄速通国际物流有限公司打造的针对俄语系国家的电商物流。俄速通的服务类型包括俄罗斯航空小包、俄罗斯航空大包、俄罗斯 3C 小包三种业务。

(1)航空小包

航空小包可提供上门揽件服务,广东省、福建省、江苏省、浙江省、上海市等地可 5 件起免费上门揽收,小于或不在揽收区域范围内的,需由卖家自行发货至集货仓。俄罗斯航空小包的包装与重量限制表,如表 7.3 所示。

表 7.3 俄罗斯航空小包的包装与重量限制表

包裹形状	重量限制	最大尺寸限制	最小尺寸限制
方形包裹	重量<2 kg	长、宽、高长度之和<90 cm 最长一边长度<60 cm	至少有一面的长度>14 cm 宽度>9 cm
圆柱形包裹		2倍直径及长度之和<104 cm 长度<90 cm	2倍直径及长度之和>17 cm 长度>10 cm

俄速通对航空小包的赔付保障是承诺从包裹入库起30天后，未收到包裹，且物流商不能确认货物状态；若包裹入库后起算60天内未妥投（指俄买家所在地邮局收到包裹并且信息可在俄邮网上查询到），且未有异常信息返回，直接认定为包裹丢失。商家发现或怀疑货物丢失，可先联系物流商进行货物状态查询，如果查询确认丢件，物流商将按照该订单在速卖通的实际成交价但不超过700元为标准进行赔偿。

俄速通航空小包的优势是经济实惠、送达范围广、运送时效快、全程可追踪。

（2）航空大包

俄速通航空大包可送至俄罗斯全境，平均时效为通关后20～30个工作日，具体还需根据目的地是否为偏远地区和俄罗斯当地的情况而定。优势在于价格优惠、运送时效快。

航空大包的包装与重量要求是货物的外包装采用无字干净的纸箱、用无字胶带封口。俄速通航空大包的体积重量限制表，如表7.4所示。

表7.4 俄速通航空大包的体积重量限制表

尺寸、重量	规格要求
最大尺寸限制	单边长度高不超过1.5 m，长宽高总和不超过1.8 m
最小尺寸限制	最长边不低于0.17 m，最短边不低于0.12 m
重量限制	重量最多不得超过20 kg/箱
货值限制	货值每箱不得超过200欧元 如果超出，收货人收取货物时需要向俄罗斯海关缴纳相应的关税

俄速通航空大包的赔付保障标准，如表7.5所示。

表7.5 俄速通航空大包的赔付保障标准

货物类型	赔付标准
已购买保价货物	如果整件货物丢失按照货物购买保价进行赔偿，并退还运费
	如果货物部分丢失，按照丢失货物重量占总重量百分比乘以保价进行赔偿，不退还运费
未购买保价货物	如果整件货物丢失退还货物运费
	如果部分货物丢失退还按丢失货物重量占总重量百分比乘以运费的费用

（3）3C小包

3C小包最大的特点是可以邮寄手机电池、纽扣电池、化妆品等通常航空小包禁止邮寄的物品，且以百克为单位计费，最大限重20 kg，可以让买家花一次运费购买到更多产品。3C小包要求货物要用干净的快递袋包装，封口处贴胶仅限制在刚好封口为止，不需按货物体积折叠货物快递袋，禁止使用透明胶带封口或对包装进行二次封缠。

3 kg以上的包裹需要用白色布口袋包装，客户需将收件人信息和运单号贴在快递袋中心位置,标签大小不可大于 14 cm × 10 cm。

包裹的最大尺寸限度为 425 mm × 265 mm × 380 mm,超出尺寸需额外交付 40% 的运费作为超大费,重量最多不得超过 10 kg/ 件。它的保价最高限额为 500 元 / 件。

【任务练习】

1. 常见的跨境物流种类有哪些?并举例说明。
2. 参考下列表格(表 7.6),一件商品实重 700 g,用邮政快递发往美国的运费是多少?

表 7.6　邮政国际运费价格表

分区	国家和地区	*起重 500 克		续重 500g 或其零数
		文件	物品	
1	香港、澳门、台湾	90	130	30
2	韩国、日本、朝鲜	115	180	40
3	菲律宾、柬埔寨、马来西亚、蒙古、泰国、新加坡、印度尼西亚、越南	130	190	45
4	澳大利亚、新西兰、巴布亚新几内亚	160	210	55
5	美国	180	240	75
6	爱尔兰、奥地利、比利时、丹麦、德国、法国、芬兰、加拿大、卢森堡、马耳他、挪威、葡萄牙、瑞典、瑞士、西班牙、希腊、意大利、英国	220	280	75
7	巴基斯坦、老挝、尼泊尔、孟加拉国、斯里兰卡、土耳其、印度	240	300	80
8	阿根廷、阿联酋、巴拿马、巴西、白俄罗斯、波兰、俄罗斯、哥伦比亚、古巴、圭亚那、捷克、秘鲁、墨西哥、乌克兰、匈牙利、以色列、约旦	260	335	100
9	阿曼、埃及、埃塞俄比亚、爱沙尼亚、巴林、保加利亚、博茨瓦纳、布基纳法索、刚果(布)、刚果(金)、哈萨克斯坦、吉布提、几内亚、加纳、加蓬、卡塔尔、开曼群岛、科特迪瓦、科威特、克罗地亚、肯尼亚、拉脱维亚、卢旺达、罗马尼亚、马达加斯加、马里、摩洛哥、莫桑比克、尼日尔、尼日利亚、塞浦路斯、沙特阿拉伯、突尼斯、乌干达、叙利亚、伊朗、乍得	370	445	120

3. 常见的商业快递服务有哪些?请用 PPT 的方式总结并分享。
4. 除了书上列举的俄速通之外,还有哪些比较知名的国际专线,请举例说明。

任务二　海外仓服务模式

【任务导入】

2015 年至今，海外仓日渐成为跨境电子商务企业海外布局最重要的一环。跨境电子商务热，海外仓更热。跨境电子商务贸易额绝大部分是货物出口。与传统出口模式一样，企业生产的产品出关后，要经过外国进口商、外国批发商、外国零售商三个中间环节才能到消费者手中，而中间环节往往提价两三倍。在传统出口模式下，渠道一直牢牢掌握在外国贸易公司手中，近十几年也没有明显改变。

通过跨境电子商务海外仓，企业直接绕过中间环节，生产商通过网络平台直接与国外采购商面对面接触。海外仓不是简单租一个仓库，而是展示品牌、售后、咨询甚至维修服务的窗口，免去中间环节的利润以及推销品牌的商机，促使跨境电子商务企业近几年纷纷试水海外仓。那么，到底什么是海外仓呢？海外仓服务的作业流程是什么呢？下面我们一起学习相关内容。

【学习目标】

知识目标

1. 了解海外仓的概念。
2. 熟悉海外仓服务模式的作业流程。

能力目标

能使用海外仓模式选择适合的跨境电子商务产品。

1. 海外仓的概念

海外仓是指建立在海外的仓储设施。在跨境贸易电子商务中，海外仓是指国内企业将商品通过大宗运输的形式运往目标市场国家，在当地建立仓库储存商品，然后根据当地的销售订单，第一时间做出响应，及时从当地仓库进行分拣、包装和配送。在除本国地区的其他国家建立的海外仓库，一般用于电子商务。货物从本国出口通过海运、货运、空运的形式储存到目标国的仓库，买家通过网上下单购买所需物品，卖家只需在网上操作，对海外的仓库下达指令完成订单履行。货物从买家所在国发出，大大缩短了从本国发货所需要的物流时间。

跨境电子商务"海外仓"一直被热炒，其作用不言自明。最近，又有发文称，跨境电子商务"海外仓"模式将成为外贸增长的发力点。

在很多人看来，海外仓只是买家在海外的仓库，是单一的物流运输方案，功能与一般的存储仓库相当。这番理解没错，但这只是海外仓的一个角。海外仓的出现改变了传统的外贸模式，极大地提高了时效，也节约了成本，实现目的国本土配送，可以与目的国卖家同台竞争。

海外仓扩大了商品品类。海外仓是供应链的整合，降低物流成本，能有效提高品牌的多样性。要知道，一种商品进入一个新市场，需要解决的问题很多，比如语言不通、沟通不畅、市场不熟悉、货物安全无保障等。这时，如果卖家拥有一个海外仓，那一切就好办多了。比如，卖家选择 TWTH 在美国本土的海外仓，那么卖家可以通过这个海外仓了解整个美国市场，同时可以保证货物安全。其次，退换货也很好处理，因为海外仓会提供相应的质检、换包装、换标签类的服务，这涉及买家体验。

买家体验的提升是很关键的。时下的营销市场，偏向 4C 理念的主导，买家体验自然变得极其重要，并成为品牌效应的一大追求。海外仓的存在解决了工厂在大批量生产时无法按照消费者需求小批量包装出货的问题，瞬间让买家体验上升了一个档次。海外仓一般拥有完美的退换货服务，可以保证售后服务，无疑为跨境电子商务事业走向红火提供了一个跳板。

其实，海外仓真正的价值是整合。这个整合是全方位的，在物流方面主要体现在供应链的整合，降低物流成本；在产品上，一方面是产品的多样性，另一方面是产品价值和售后服务的提升；此外，还可以促进产品的精准销售等。

概而言之，海外仓的整合主要是对跨境电子商务在供应、服务、成本、客户体验、精准销售方面的整合。并且，随着海外仓整合优势的显现，海外仓也成为跨境电子商务展示品牌、售后、咨询的窗口。

海外仓的这种整合属性，决定了它服务的不断优化升级，即客户体验升级、卖家产品的升级换代、卖家品牌效应的提升。

对于消费者而言，海外仓还能服务于国人"海淘"。例如，商城平台以其"海外仓"作为统一收货地址收货后，再集运回中国，不仅提高商品流转效率，还降低了物流成本。

2. 海外仓作业流程

仓库是现代物流中连接买卖双方的一个关键节点，将这个节点置于海外不仅有利于海外市场的拓展，同时能降低物流成本。跨境企业拥有自己的海外仓库，能从买家所在国本土发货，从而缩短订单周期，完善用户体验，提升用户重复购买率，让销售额突破瓶颈，更上一个台阶！

简单来说，针对广大中国电子商务卖家的需求，海外仓为卖家提供了仓储、分拣、包装、派送等项目的一站式服务。卖家将货物存储到国外仓库,当买家有需求时,卖家可以第一时间做出快速响应,及时通知国外仓库进行货物的分拣、包装,并且从该国仓库运送到其他地区或者国家,缩短了物流响应时间。同时,结合国外仓库当地的物流特点,可以确保货物安全、准确、及时、低成本地到达终端买家手中。

(1)海外仓一般作业流程

中国卖家通过海运、空运等方式将商品集中运往海外仓储中心进行存储,并通过物流承运商的库存管理系统下达操作指令。

①卖家运送货物至海外仓

卖家自己将商品运至海外仓储中心,或者委托承运商将货发至承运商海外的仓库。这段国际货运可采取海运、空运或者快递方式。

②卖家在线远程管理海外仓储

卖家使用物流商的物流信息系统,远程操作海外仓储的货物,并且保持实时更新。

③根据卖家指令进行货物操作

根据物流商海外仓储中心自动化操作设备,严格按照卖家指令对货物进行存储、分拣、包装、配送等操作。

④系统信息实时更新

发货完成后系统会及时更新以显示库存状况,让卖家实时掌握。

(2)海外仓服务工作流程

卖家自行或通过物流公司(海运、空运、快递)将货物批量从本国发送至海外仓库(美国、英国、澳大利亚)存储。当海外买家在卖家的网站、Ebay店铺、亚马逊店铺、Wish店铺或者其他渠道购买商品后,卖家可以在渠道商物流管理系统下单,填写需要配送的商品、买家的联系信息和选择本地配送方式。海外仓根据卖家的订单要求对卖家存储在海外仓库的商品进行分拣、包装并派送至买家手中,如图7.1所示。

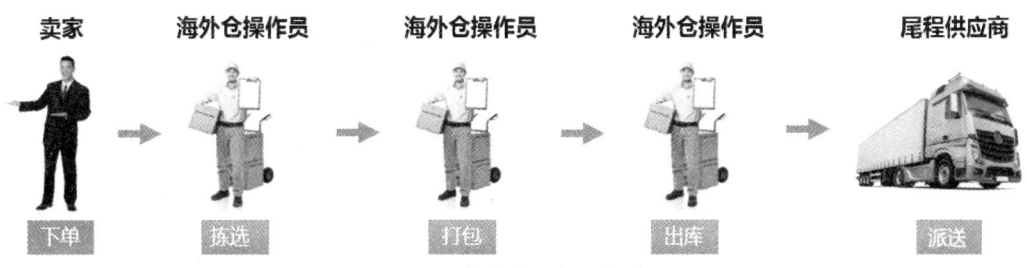

图7.1 海外仓服务工作流程

（3）海外仓费用计算

海外仓费用的计算主要是头程费用+处理费+仓储费+尾程运费+关税/增值税/杂费。

头程费用：卖家将物品运送到海外仓的目的国，分为空运、海运散货、海运整柜、当地拖车，在此期间产生的费用。

处理费：客户货物处理时产生的费用，包括入库费用、出库费用、订单处理费。

仓储费：客户货物存储在海外仓库时产生的费用，分为淡季和旺季，一般下半年的仓储费会更高。

尾程运费：本地的派送运费，是指在英国、美国、澳大利亚和欧洲对客户商品进行配送产生的本地快递费用，一般快递公司有 FedEx、DHL、UPS、当地邮政。

①头程运输

一般而言，头程运输包括空运、海运和快递运输。其中比较成熟的卖家会选择海运和空运的方式，而快递运输则比较适合新手卖家。

海运是头程运输中性价比最高的方式，价格便宜且对品类限制不大，运费只有商业快递的 25% 左右。所以，如果同样的产品走海运，节省下来的运费就可以有效提高利润率。但有利必有弊，海运的弊端就是运输时间长，比如从我国到美国通常需要 30 天左右。

空运的时效较商业快递稍慢 2 天～3 天，在安全性、时效和价格等方面都不失为一个不错的选择。建议当达到一定货量且客户要货迫切时，可选择空运渠道，效率比较高。

如果是新手卖家，想要试一试产品的销售情况，建议选择快递运输。因为快递运输的时效最有保障，笔者发现也有不少成熟的大卖家的产品在平台上卖得好，需要比较快速的货物周转时，偶尔也会不计较成本地选择快递运输应急。

②仓储费

如果对产品预估销量有良好的把控，能有效地节省仓储费用。不同公司仓储收费方法不同，仓储费有的按体积算、有的按重量算。不同国家的关税也不同，如美洲国家只算进口关税，欧洲国家税收是进口关税+增值税，澳大利亚是进口关税+增值税+附加税。海外仓尽量不要走散货，最好是凑齐整仓或者跟大卖家拼货凑齐整仓，因为大货品重量级发整仓海外仓的价格是非常有优势的。

3. 海外仓的优势

现代网购用户对购物品质和服务质量的要求越来越高，跨境电子商务中物流的快慢当然也是其中一个判断标准，能够更快地收到产品已经成为获得竞争优势的一个因素，而海外仓（见图 7.2）正有加强这个优势的功能。海外发货还可以让网站的买家更信任网站，提升买家对网站的忠诚度。

图7.2 海外仓基地——斑马芝加哥物流中心

海外仓储服务是指为卖家在销售目的地进行货物仓储、分拣、包装和派送的一站式控制与管理服务。确切来说，海外仓储包括头程运输、仓储管理和本地配送三个部分。

头程运输：中国商家通过海运、空运、陆运或者联运将商品运送至海外仓库。

仓储管理：中国商家通过物流信息系统，远程操作海外仓储货物，实时管理库存。

本地配送：海外仓储中心根据订单信息，通过当地邮政或快递将商品配送给客户。

选择这类模式的好处在于，仓储置于海外不仅有利于海外市场价格的调配，还能降低物流成本。卖家拥有自己的海外仓库，能从买家所在国发货，从而缩短订单周期，完善客户体验，提升重复购买率。结合国外仓库当地的物流特点，可以确保货物安全、准确、及时地到达终端买家手中。然而，这种海外仓储的模式虽然解决了小包时代成本高昂、配送周期漫长的问题，但是值得各位跨境电子商务卖家考虑的是，不是任何产品都适合使用海外仓。一般是库存周转快的热销单品适合此类模式，否则极容易压货。同时，这种方式在供应链管理、库存管控、动销管理等方面对卖家提出了更高的要求。

对于跨境电子商务卖家而言，首先应该根据所售产品的特点（尺寸、安全性、通关便利性等）来选择合适的物流模式，比如大件产品（如家具）就不适合走邮政包裹渠道，而更适合海外仓储物流模式。

从成本角度考虑，海外仓储物流模式并非所有的外贸电商网站都适用，特别是刚开始运营网站的小型电商，尽量不要使用，以减少库存无法清空的风险，供货量不足的电商也不适用海外仓。另外，现下海外仓服务公司虽多，但在信誉方面有待商榷，沟通也是个问题。

不管是亚马逊还是eBay、Wish、速卖通等跨境电子商务平台，发货方式就几种：国际小包、国际专线、国际快递。海外仓出现后，则多了海外仓储派送的方式。如果是亚马逊卖家，还多个FBA（亚马逊提供的代发货业务）仓储物流派送可选择。

选择海外仓的跨境卖家，只需要提前把货备至海外仓，便可依据订单随时实现本土发货。如果是商品热销，还可以适时空运补货。

据估算，海外仓发货可将成本降低20%~50%，发货时间由原来的20天左右，缩短至一般国内快递的3天~5天。

4. 海外仓的运营

对跨境电子商务卖家来说，想要获取更高利润，物流是一个不得不破的壁垒，海外仓正是在这样的市场诉求中应运而生的。海外仓的优势来自发货的速度以及客户体验，使用海外仓，不仅可以降低物流成本，还由于发货速度加快，卖家可以提高产品的售价，增加毛利。使用海外仓，卖家的产品品类可以无限扩张，有些产品使用期很长，不属于快消品，但是市场需求量大，能够形成规模，放在海外仓销售也是可以的。

（1）与第三方合作

跨境电子商务卖家与第三方海外仓的合作方式有两种：一种是租用，另一种是合作建设。租用方式会存在操作费用、物流费用、仓储费用，合作建设则只产生物流费用。

（2）海外仓选品

海外仓有它的优势，尤其是在降低成本方面。例如像水龙头这样的产品——标准化，就非常适合使用海外仓。但是，有些产品要经过研究和库存分析才能使用海外仓。使用海外仓的产品最好是热销的单品，因为库存周转快，卖家不用担心压货的问题。

（3）市场分析

借助第三方海外仓，卖家最好一次性备300~500件单品，备好货后联系海外仓的运营方，他们会帮你把货物送到海外仓上架，此时海外仓就会有库存，可以去销售了。如果卖家把握不准的话，第一次尽量不要发太多货。第一批产品到海外仓后，就可以开始销售，一段时间后，分析出某个产品在过去一个月或者三个月的销售情况以及走势，再根据预测进行补货。如果销售情况很好且销售量很大，可以考虑启用海运，再一次降低成本。

（4）货品运转

海外仓的订单生成后，卖家可以通过Excel表格或API的方式通知第三方进行发货。有一定IT实力的卖家建议使用API的方式，数据的实时性有所保证。

第三方海外仓会把实时的库存信息共享给卖家，卖家如果发现货物卖得很好，就需要提前准备往海外仓发货。一般情况下，需要设一个库存预警值。

使用海外仓，一定要集中销售资源，一旦分散的话，海外仓的产品就容易滞销。另外，产品一定要热卖,如果在海外仓放着慢慢卖的话,整体的成本会有所增加。部分产品滞销,或者周转期太长会导致成本上升(租赁费用等)。如果卖家的销售策略很好,则可以提升销售速度,促进当地市场发展。此外要注意产品的生命周期,如电池存放的时间太长质量会受到影响,所以要把握好库存。

(5)清关认证

卖家对海外仓的发货一定要有监控,因为在本地发货,对于时效的要求会很高,客户对这个事情也会越来越敏感。还要做好成本核算,调整好利润率,这样整个财务体系会更加健康。中小卖家要对物流多研究和学习,因为以前走小包是邮政的清关方式,没什么大问题。但是,借用海外仓批量发货,走海运的话,是大宗货物清关方式,清关检查严格,要求提供相关证明。另外,借助第三方海外仓的物流输送涉及多个合作方,在周转的过程中,作为卖家的委托方第三方服务公司有义务做好监管,保证产品的安全送达。

【任务练习】

1. 海外仓的概念是什么?海外仓作业流程是什么?海外仓的优势有哪些?
2. 海外仓的运营要素有哪些?
3. 根据所学知识,谈谈适合海外仓模式的跨境电子商务产品有哪些?

任务三 常用的跨境设备和工具

【任务导入】

跨境电子商务物流离不开线下操作,虽然如今信息化发展促使物流工业化已经十分普及,但是对于跨境设备和跨境工具我们还必须十分了解。在跨境电子商务物流中,所使用的设备和工具非常多,由于不同的地点运送物品的种类不同,根据其包装材质的特性,不同设备的不同工作原理,对在配单、打包过程中使用的如条码、标签、单据等的要求不同。我们要做到对不同设备、不同工具了然于胸,下面就一起认识这些设备和工具。

【学习目标】

知识目标

1. 熟悉常见的跨境设备。
2. 熟悉常见的跨境工具。

能力目标

1. 能说出常见的跨境设备和跨境工具的工作原理。
2. 能选择对应的工具进行操作。

1. 跨境物流包装材料

在跨境物流中,我们要接触很多平台经常见到的东西,却对这些东西"叫不上名字",其实是我们对这些东西的特性不够了解。根据材料的特性,我们常见的材料有以下几种。

(1)气泡膜

气泡膜又称为气垫膜、气珠膜、气泡布、气泡纸、泡泡膜、气泡薄膜、气垫薄膜等,是用于包装填充的一种防压、防潮、防震的化工产品。气泡膜具有良好的减震性、抗冲击性、热合性、无毒、无味、防潮、耐腐蚀、透明度好等优点。气泡膜常用于包装电子元件、组件,如板、卡等,不仅能防止静电还能起到缓冲防振的作用,如图7.3所示。

图7.3 气泡膜

(2)瓦楞纸箱

瓦楞纸箱是一种应用最广的包装制品。按隔层数量分为三层、五层或者七层,按纸皮强度又可分为高强度纸箱和一般强度纸箱。通常在包裹包装中使用的是一般强度纸箱,它主要由单层或多层波浪形的瓦楞纸板和平坦纸黏合而成。瓦楞有良好的抗压强度和防震性能,能承受一定的压力、冲击。另外,瓦楞纸箱还有容易切割的特点。一般来说,重型商品运输包装,通常采用重型瓦楞纸箱;一般商品运输包装,采用普通瓦楞纸箱,如图7.4所示。

图 7.4 瓦楞纸箱

（3）包装袋

包装袋包括带封口胶的塑料袋、气泡信封和气柱袋。包装袋的特点就是防水、防划伤，能够较好地保护内装商品，如图 7.5 所示。

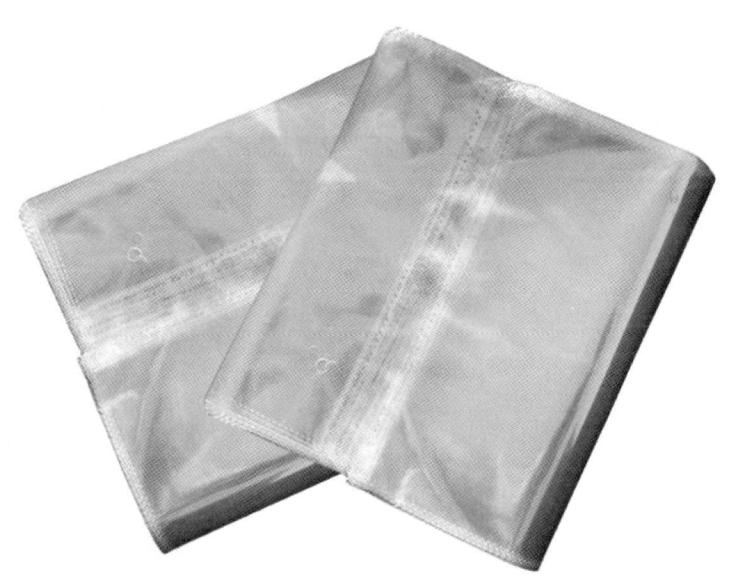

图 7.5 包装袋

气泡信封外层为牛皮纸，内层衬着气泡，适用于邮寄光盘碟片、磁带、电子元件、集成电路板、光学镜头、书籍、证件、相框、礼品、钟表等物品，如图 7.6 所示。

图 7.6　气泡信封

气柱袋是一个一体化的扁平塑料，充气后会变成一个中间为空、周围有若干独立气柱、底部密封、上端开口的用来发运大屏幕电子产品的气囊材料。气柱袋相比气泡膜强度要硬很多，而且气泡不容易破裂，常用于平板电脑、手机、GPS 导航仪等带屏幕的产品的保护包装，如图 7.7 所示。

图 7.7　气柱袋

2. 常见的跨境物流设备及工具

（1）跨境物流常见工具

在跨境电子商务物流的配单、打包过程中除了常用的包装材料之外，我们还会经常使用到如条码、标签、单据等一些工具。

①挂号条码

挂号条码是指邮政小包所使用的跟踪号，分为粘贴和打印两种情况。挂号条码通常是13位，第一和第二位是字母，第一位往往是R，第二位则不固定，从第三位到第十一位是数字，最后两位是发件邮局所在国家或地区的缩写，如图7.8所示。例如，中国邮政挂号小包的编码为：RA987654321CN。

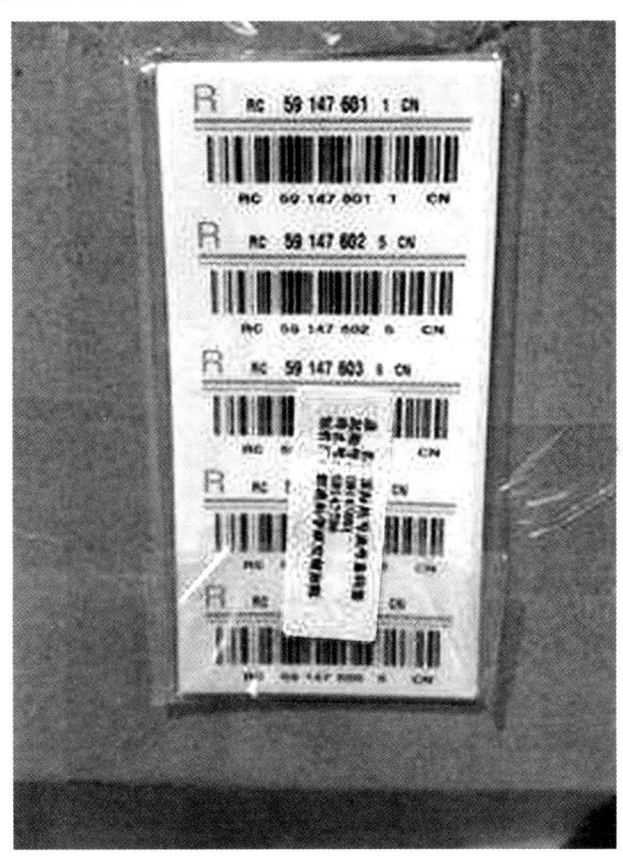

图7.8　挂号条码

②报关单

报关单即报关签条，是给发件国和目的国海关看的有关包裹内物品详情的申报，如图7.9所示。报关单按规定格式打印出来直接贴在包裹上使用。

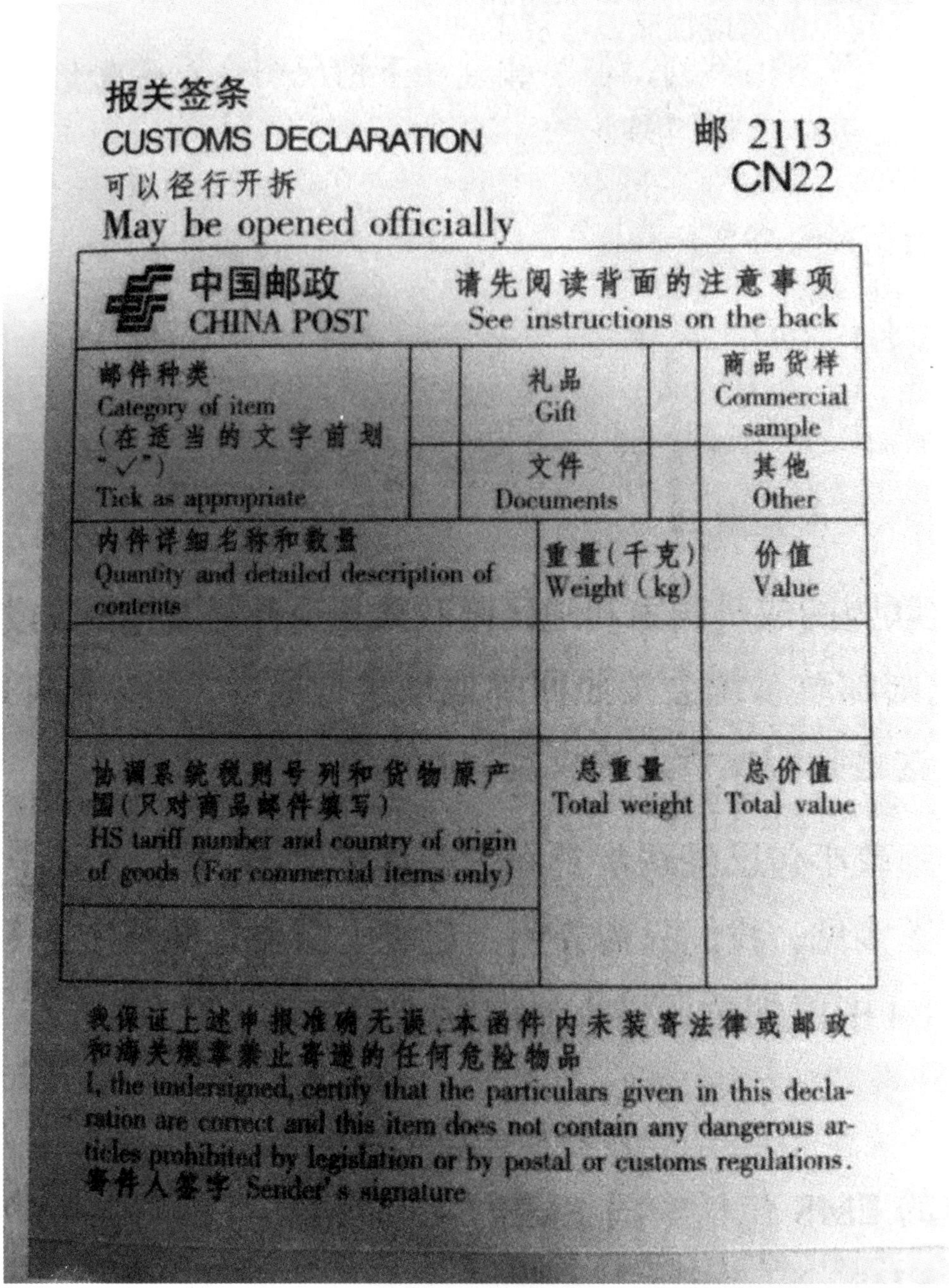

报关签条
CUSTOMS DECLARATION　　邮 2113
可以径行开拆　　CN22
May be opened officially

中国邮政 CHINA POST	请先阅读背面的注意事项 See instructions on the back				
邮件种类 Category of item （在适当的文字前划"✓"） Tick as appropriate		礼品 Gift		商品货样 Commercial sample	
		文件 Documents		其他 Other	
内件详细名称和数量 Quantity and detailed description of contents			重量（千克） Weight (kg)		价值 Value
协调系统税则号列和货物原产国（只对商品邮件填写） HS tariff number and country of origin of goods (For commercial items only)			总重量 Total weight		总价值 Total value

我保证上述申报准确无误，本函件内未装寄法律或邮政和海关规章禁止寄递的任何危险物品
I, the undersigned, certify that the particulars given in this declaration are correct and this item does not contain any dangerous articles prohibited by legislation or by postal or customs regulations.
寄件人签字 Sender's signature

图 7.9　报关单

③快递面单

快递面单又叫快递底单，快递面单上的条码在 EMS 上叫作跟踪号，其他的叫作参考单号或者原单号。快递面单是集发件人、收件人、报关信息、跟踪号为一体的面单，可以手写也可以打印。快递面单左边是发件人信息，右边是收件人信息，左下是申报详情，右上是跟踪号，所有信息一目了然，如图 7.10 所示。

目前快递面单为 3 联以上，特别是 EMS 等用的快递单多为 5 联或 6 联，可分为普通条码单和背胶条码单，普通条码单需配合快递袋使用，背胶条码单最后一联可撕开贴在货物上，使用更加方便，常规尺寸有 217 mm × 127 mm、230 mm × 140 mm、230 mm × 127 mm、240 mm × 150 mm 等。

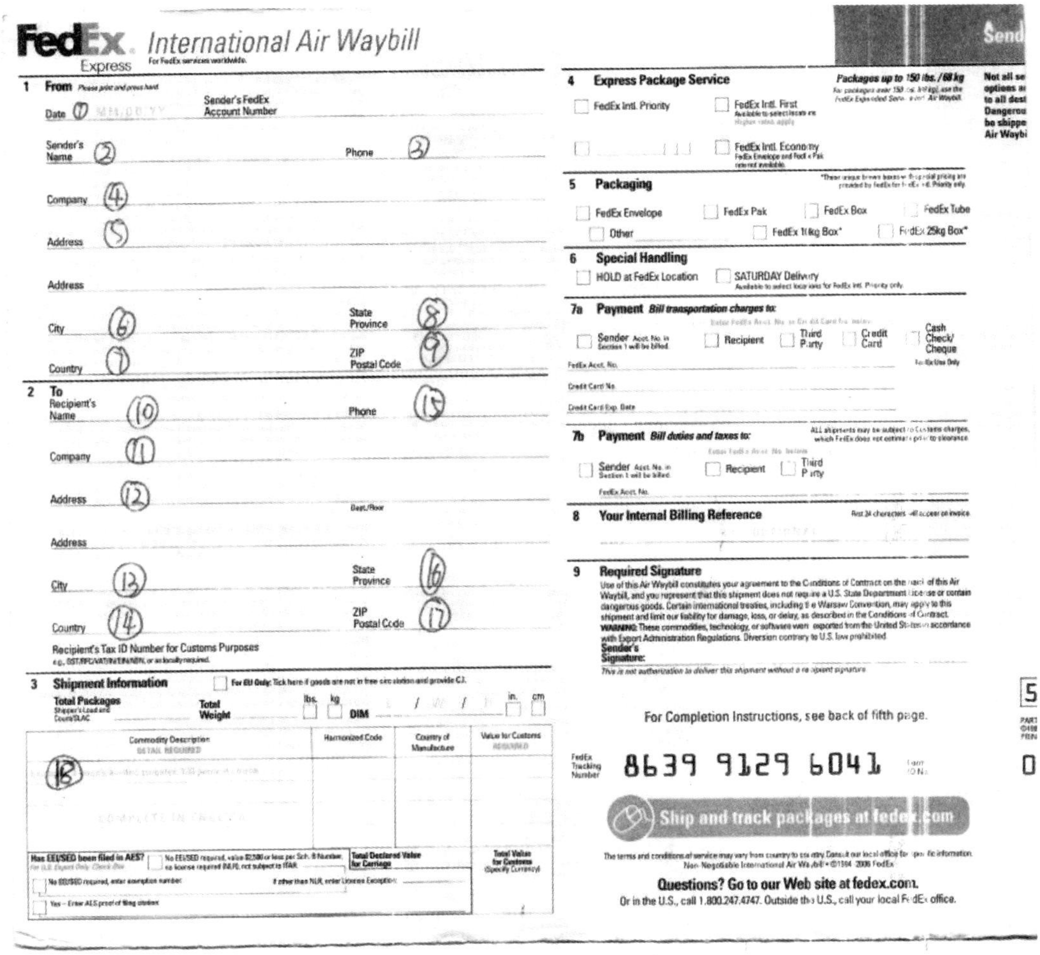
FedEx Express International Air Waybill
For FedEx services worldwide.

1 From
Date ①
Sender's FedEx Account Number
Sender's Name ②
Phone ③
Company ④
Address ⑤
Address
City ⑥
State Province ⑧
Country ⑦
ZIP Postal Code ⑨

2 To
Recipient's Name ⑩
Phone ⑮
Company ⑪
Address ⑫
Dept./Floor
Address
City ⑬
State Province ⑯
Country ⑭
ZIP Postal Code ⑰
Recipient's Tax ID Number for Customs Purposes

3 Shipment Information
Total Packages
Total Weight
lbs. kg
DIM
in. cm
Commodity Description ⑱
Harmonized Code
Country of Manufacture
Value for Customs
Has EEI/SED been filed in AES?
Total Declared Value for Carriage
Total Value for Customs (Specify Currency)

4 Express Package Service
Packages up to 150 lbs./68 kg
FedEx Intl. Priority
FedEx Intl. First
FedEx Intl. Economy

5 Packaging
FedEx Envelope
FedEx Pak
FedEx Box
FedEx Tube
Other
FedEx 10kg Box*
FedEx 25kg Box*

6 Special Handling
HOLD at FedEx Location
SATURDAY Delivery

7a Payment Bill transportation charges to:
Sender
Recipient
Third Party
Credit Card
Cash Check/Cheque
FedEx Acct. No.
Credit Card No.
Credit Card Exp. Date

7b Payment Bill duties and taxes to:
Sender
Recipient
Third Party
FedEx Acct. No.

8 Your Internal Billing Reference

9 Required Signature
Sender's Signature:

For Completion Instructions, see back of fifth page.
FedEx Tracking Number 8639 9129 6041
Ship and track packages at fedex.com
Questions? Go to our Web site at fedex.com.
Or in the U.S., call 1.800.247.4747. Outside the U.S., call your local FedEx office.

图 7.10 快递面单

（2）跨境物流常用设备

①扫描器（扫描枪）

扫描枪是一种输入设备，用于扫描条码，如图 7.11 所示。扫描枪扫描一个条码之后就等于在电脑里输入了条码对应的字符，所以可以非常方便地扫描输入产品的 SKU 条码。扫描枪使用时注意不要对着人眼，因为激光会有轻微伤害。

图 7.11　扫码枪

②打印机

a. 普通打印机

普通打印机是指打印普通 A4、A5 纸张的打印机，主要处理装箱单、订单信息，能适应平均每天非常大的打印量，如图 7.12 所示。

图 7.12　普通打印机

b. 热敏打印机

热敏打印机主要用来打印产品 SKU 条码、地址标签、报关签条等，如图 7.13 所示。

图 7.13　热敏打印机

c. 针式打印机

针式打印机主要用来打印一式多联的单据，比如 EMS 快递单，可以高效地代替手工填写来制作多联单据，如图 7.14 所示。

图 7.14　针式打印机

③ 胶纸切割器

胶纸切割器（图 7.15）分为激光切割机、等离子切割机、火焰切割机等。激光切割机切割效率最高，切割精度最高，切割厚度一般较小。等离子切割机切割速度也很快，切割面有一定的斜度。火焰切割机针对厚度较大的碳钢材质。在手工和机械加工过程中，板材切割常用方式有手工切割、半自动切割及数控切割机切割。手工切割灵活方便，但手工切割质量差、尺寸误差大、材料浪费大、后续加工工作量大，同时劳动条件恶劣，生产效率低。半自动切割机中仿形切割机，切割工件的质量较好，由于其使用切割模具，不适合单件、小批量和大工件切割。其他类型半自动切割机虽然降低了工人劳动强度，但其功能简单，只适合一些较规则形状的零件切割。数控切割相对手动和半自动切割方式来说，可有效地提高板材切割的效率、质量，减轻操作者的劳动强度。

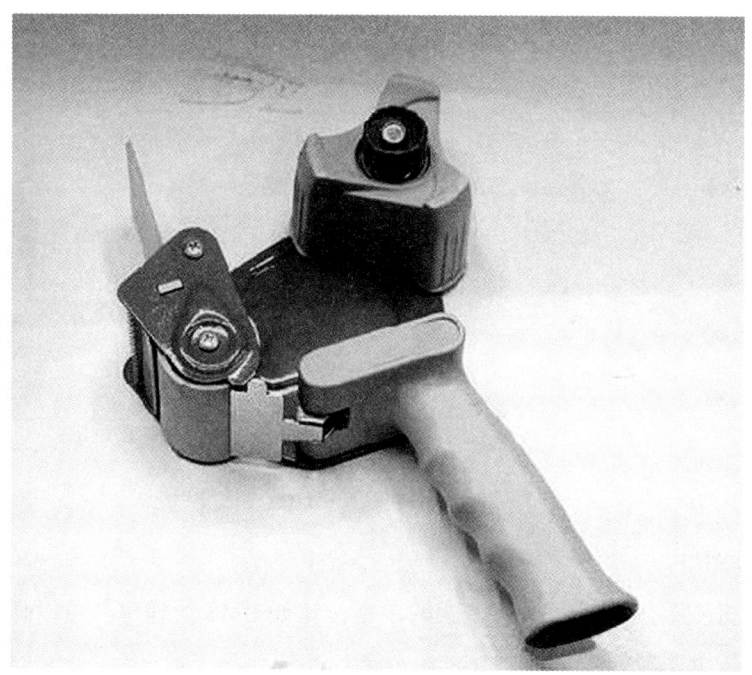

图 7.15　胶纸切割器

④称重器

称重器即我们常见的电子秤,如图 7.16 所示。电子秤主要由承重系统(如秤盘、秤体)、传力转换系统(如杠杆传力系统、传感器)和示值系统(如刻度盘、电子显示仪表)三部分组成。按结构原理可分为机械秤、电子秤、机电结合秤三大类。

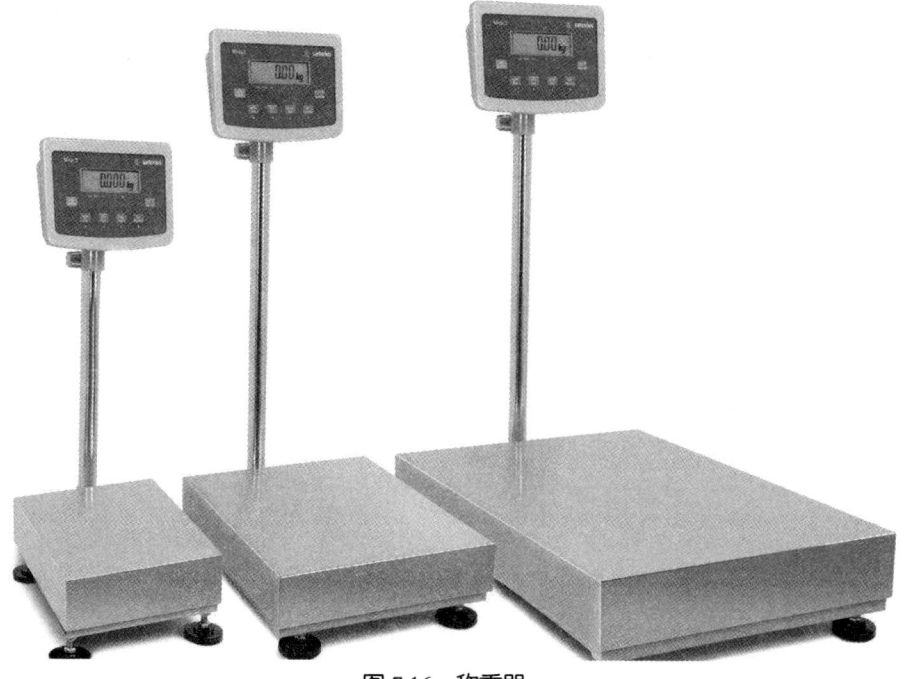

图 7.16　称重器

【任务练习】

1. 除了书上列举的这些设备和工具之外，还有哪些常见的工具或设备。
2. 在日常生活中收集三件课堂上讲的工具或设备，与大家分享。
3. 说说不同的包装材料适用的商品有哪些？

任务四　物流模版跨境包裹单设置

【任务导入】

跨境电子商务包裹是指在两个或两个以上国家（或地区）之间所进行的快递、物流业务。国家与国家（或地区）传递信函、商业文件及物品的业务，就是通过国家之间的边境口岸和海关对快件进行检验放行的运送方式。跨境包裹到达目的国家之后，需要在目的国进行再次转运，才能将包裹送达最终目的地。跨境电子商务商品在进出口过程中会涉及包裹单内容的填制，不同跨境物流企业对包裹单填制的要求也是不同的。下面我们进行相关内容的学习。

【学习目标】

知识目标

1. 了解 EMS 包裹托运单如何填写。
2. 了解 FedEx 包裹托运单如何填写。

能力目标

1. 能填写 EMS 包裹托运单。
2. 能填写 FedEx 包裹托运单。

1. EMS 包裹托运单的填写

国际 EMS 以服务范围广、价格低等特点，备受电子商务客户的喜欢。填写 EMS 包裹托运单时电话非常重要，当 EMS 对地址有疑问时，EMS 会通过电话联系您或您的客户，核对地址或通知快件到达。EMS 包裹托运单，一式四份可以一并填写，但切记字迹清晰，否则下面单据的字迹可能会无法辨识，如图 7.17 所示。

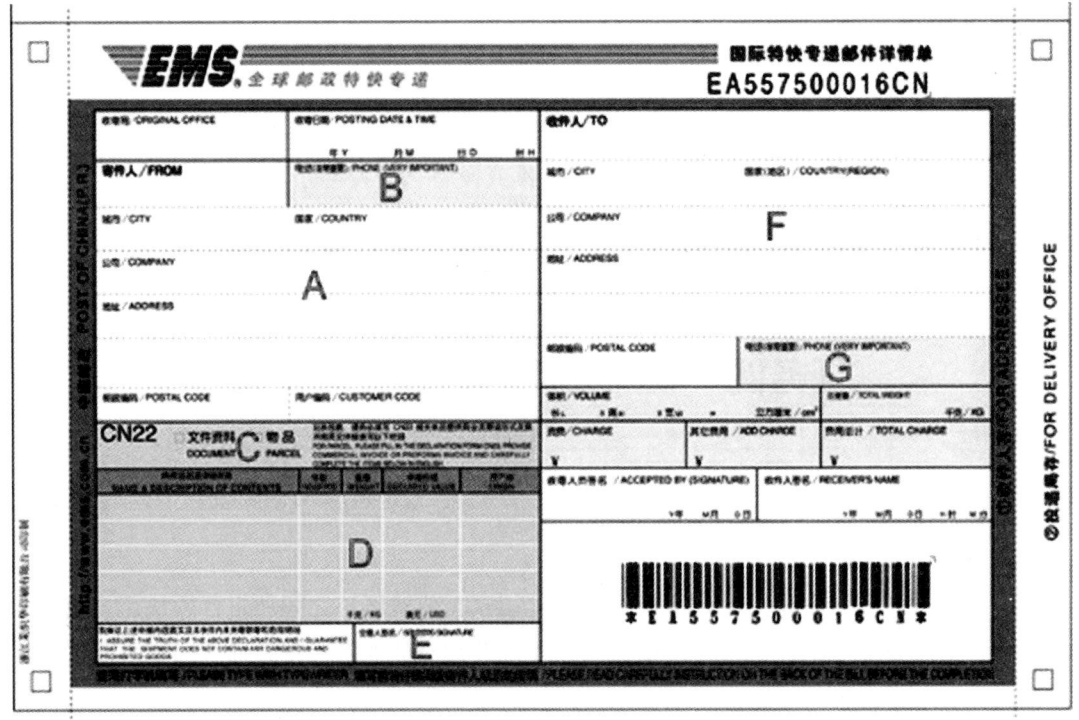

图 7.17　EMS 包裹托运单

EMS 包裹托运单的填写要求如下所述。

（1）寄件人信息

寄件人信息包括寄件人姓名、有效的联系电话，寄件人的单位名称，如是个人地址，则无须填写。在交寄快件时应使用英文逐项详细、准确、如实地填写；填写时须使用打字机或圆珠笔，以使本单各联字迹清晰可辨；应详细准确，且应尽可能提供电话号码，以便在出现问题时能够及时联系。

（2）收件人信息

收件人信息包括收件人姓名、有效的联系电话，详细填写收件人单位或个人地址、邮政编码，如有用户代码则必须填写（为邮件安全及迅速传递，请详细、准确填写）。收件人地址仅为邮政信箱号码的快件一律不予收寄；本公司对快件地址错误或不详所造成的投递延误不承担责任。

（3）内件信息

一定要注明内装物品的具体名称、邮件的内件性质和内装物品的具体数量。如需保价，请选择此项并注明需保价的金额，最高不应超过十万元人民币。

(4) 其他注意事项

为保证物品类邮件顺利通关,请用英文或法文详细、如实填写内件品名、件数、申报价值及原产地等项目。同时,任何物品类邮件都应随附以英文填写的邮政 CN23 报关单和形式发票一式两份,否则将可能导致通关延误。

2. FedEx 包裹托运单的填写

其他国际快递的运单与 EMS 相似,下面以 FedEx 为例讲述其填写要求,如图 7.18 所示。

图 7.18　FedEx 包裹托运单

(1) Fedex 寄件人信息

需要填写详细地址、电话号码及联邦快递账号等信息。

(2) 托运物品信息

物品详细说明:请确保说明具体且详细并请分别列出每件物品。凡空运提单上无法列出的内容,请使用商业发票加以说明。海关申报总值:填写物品的销售价格或合理的市场价格(即使为非卖品或无零售价),所填写的金额必须与商业发票上的金额相符。托运申报总值:不应超过"海关申报总值"的金额。

(3)服务选择

需要选择服务类别,若不填写,将按照联邦快递国际优先快递服务来寄送货件。此外,还要选择包装方式。如有特殊要求,比如指定派送时间,需要先了解货品到达地是否提供相关服务,再做选择。

(4)付款

运费的支付方要提供相应的联邦快递账号或信用卡号码。如果收件人或第三方不支付运费,寄件人则有义务支付。如发件人未能在国际空运提单上说明关税和税金的付款人,收件人将默认成为该税费的付款人并收到账单;如发件人已在国际空运提单上说明由收件人或其他第三方支付关税和税金,但收件人或其他第三方未能支付,发件人应负责支付该税费。

【任务练习】

1. 说出几个你所熟悉的跨境物流公司。
2. 跨境电子商务包裹单填制的注意事项有哪些?
3. 从网上下载空白跨境电子商务包裹单,完成包裹单的填写。

任务五 跨境电子商务的通关

【任务导入】

自2014年以来,海关频繁出台新的贸易监管方式,这些法律法规的出台印证了跨境贸易及电子商务是大势所趋。小订单、小包裹、碎片化、定制化、去中间商化等成为外贸新标签。以往的一张订单、十余集装箱齐发的盛况一去不复返,灵活运用好"保税""清单核放、汇总申报""市场采购"等模式,帮助海量中小外贸商降低通关成本,激发其活力。那么在跨境通关时我们要注意哪些政策呢?跨境通关的流程是什么呢?下面我们一起学习关于跨境电子商务通关的内容。

【学习目标】

知识目标

1. 了解跨境电子商务通关政策。
2. 了解跨境电子商务通关流程。

能力目标

1. 能理解跨境电子商务通关政策。
2. 能说出跨境电子商务通关流程。

1. 跨境电子商务通关政策

按照检验检疫法律法规规定，进出口法检货物应凭检验检疫机构签发的通关单办理海关通关手续。跨境电子商务零售进出口新政明确了跨境电子商务商品的货物属性，检验检疫机构应依法签发通关单。

另外为提高跨境电子商务商品通关效率，质检总局在通关单管理上采取了相应的便利措施。一是通关单仅针对跨境电子商务零售进口中的网购保税商品，而对于跨境电子商务零售进口中的直购商品，免于签发通关单。二是将通关单的签发环节设定在"一线"，避免在"二线"出区时对小包裹逐个签发通关单，缩短通关时间、降低企业成本。三是实施通关单联网核查，检验检疫机构将通关单电子数据直接发送海关，尽最大可能实现通关单无纸化，进一步提高通关效率。四是清单内仅有约36%的编码在"法检目录"内，需要凭通关单验放，其余都不需要通关单即可办理海关通关手续。

海关总署曾发布2014年第12号公告表示，为促进跨境贸易电子商务零售进出口业务发展，方便企业通关，自2015年2月10日起，增列海关监管方式代码"9610"，全称"跨境贸易电子商务"，简称"电子商务"。

因为跨境电子商务有着小额多单的特点，传统的海关监管政策对跨境电子商务企业来说负担过重。跨境电子商务B2C企业，在物流上主要采用航空小包、邮寄、快递等方式，报关主体是邮政或快递公司，该块贸易都没有纳入海关统计，海关新增代码将跨境电子商务的监管独立出来，有利于规范和监管。

跨境电子商务系统应该提供的服务有：企业备案；商品备案；查询统计（订单查询、运单查询、支付单查询）；申报单审核、生成、申报；查验信息；放行信息；缴费管理。

比如杭州跨境电子商务出口货物。消费者在电子商务平台购买产品之后，电子商务企业通过服务平台向海关提交商品交易数据订单，物流企业通过服务平台向海关提交商品物流数据运单，支付企业通过服务平台向海关提交资金结算数据支付单。

服务平台在接受订单、运单、支付单信息后，自动进行"四限"（限企业、限品种、限数量、限金额）审核并生成《跨境贸易电子商务商品进口申报单》向海关申报。

海关在通关系统对申报单进行审核，申报单据有货物报关单同等法律效力。

申报单放行后，仓储企业根据放行信息理货，在海关工作人员的监控下，粘贴运单并通过自动分拣系统实行自动分拣。

自动分拣放行的包裹由仓储企业在通关系统中归并生成载货清单，卡口凭海关放行信息，在通关系统中核注载货车辆清单，准予物流企业车辆出区。

海关按照规定对商品进行风险布控并实施查验。

2. 跨境电子商务通关流程

（1）申报阶段

出口货物的发货人在根据出口合同的规定，按时、按质、按量备齐出口货物后，即应当向运输公司办理租船订舱手续，准备向海关办理报关手续，或委托专业（代理）报关公司办理报关手续。需要委托专业或代理报关企业向海关办理申报手续的企业，在货物出口之前，应在出口口岸就近向专业报关企业或代理报关企业办理委托报关手续。接受委托的专业报关企业或代理报关企业要向委托单位收取正式的报关委托书，报关委托书以海关要求的格式为准。准备好报关用的单证是保证出口货物顺利通关的基础。一般情况下，报关应备单证除出口货物报关单外，主要包括托运单（即下货纸）、发票一份、贸易合同一份、出口收汇核销单及海关监管条件所涉及的各类证件。申报应注意的问题：出口货物的报关时限为装货的24小时以前。不需要征税费、查验的货物，自接受申报起1日内办结通关手续。

海关要求的随附单据：

第一，合同或电子账册（正本）；

第二，发票（正本）；

第三，箱单（正本）；

第四，报关委托书（一式三份），需加盖委托人的公章；

第五，依据实际货物情况提供其他海关要求的许可证件（比如，濒危物种证明、出口许可证等）。

根据以上单据填写手写报关单后，录入海关 QP 系统并打印核对联，然后根据相关信息打码头纸。

（2）查验阶段

通过核对实际货物与报关单证来验证申报环节所申报的内容与查证的单、货是否一致，通过实际的查验发现申报审单环节所不能发现的有无瞒报、伪报和申报不实等问题。通过查验可以验证申报审单环节提出的疑点，为征税、统计和后续管理提供可靠的监管依据。海关查验货物后，均要填写一份验货记录。验货记录一般包括查验时间、地点、进出口货物的收发货人或其代理人名称、申报的货物情况、查验货物的运输包装情况（如运输工具名称、集装箱号、尺码和封号）、货物的名称、规格型号等。需要查验的货物自接受申报起 1 日内开出查验通知单，自具备海关查验条件起 1 日内完成查验，除需缴税外，自查验完毕 4 小时内办结通关手续。

根据《中华人民共和国海关法》的有关规定，进出口的货物除国家另有规定外，均应征收关税。关税由海关依照海关进出口税则征收。需要征税费的货物，自接受申报1日内开出税单，并于缴核税单2小时内办结通关手续。如是法检货物，货物的收货人或其代理人需向货物产地或者报关地的检验检疫局申报货物出境，海关凭商检机构签发的出境货物通关单验放。

商检要求的单据：

第一，合同（复印件）；

第二，发票（复印件）；

第三，箱单（复印件）；

第四，报检委托书，需加盖委托人的公章。

根据以上单据录入并向商检发送数据，收到商检的回执后方可向检验检疫局报检。检验检疫局受理之后，缴纳相应的检疫费及其他费用，查验货物无误后，做放行指令，并打印出境货物通关单。核对打印联无误后，即可申报报关单。待审单中心电子申报完毕，即可打印纸制报关单，连同整理相关随附单据向现场海关递交审核。

（3）放行

对于一般出口货物，在发货人或其代理人如实向海关申报，并如数缴纳应缴税款和有关规费后，海关在出口装货单上盖"海关放行章"，出口货物的发货人凭此装船起运出境。

审单完结后或出口涉及税款的缴纳完税款后，在查验打单区打查验单证，去码头查验，确认货物没有问题就可以放行。

至此，整个通关流程就完成了。

【任务练习】

1. 跨境电子商务的通关政策有哪些？
2. 用流程图的方式画出跨境电子商务通关流程。

参 考 文 献

[1] 常广庶. 跨境电子商务理论与实务 [M]. 北京：机械工业出版社，2017.

[2] 陈明，许辉. 跨境电子商务操作实务 [M]. 北京：中国商务出版社，2015.

[3] 段文奇. 跨境电子商务平台选择与运营仿真实验教程 [M]. 杭州：浙江大学出版社，2016.

[4] 鄂立彬. 跨境电子商务前沿与实践 [M]. 北京：对外经济贸易大学出版社，2016.

[5] 冯潮前. 跨境电子商务支付与结算实验教程 [M]. 杭州：浙江大学出版社，2016.

[6] 弓永钦. 个人信息保护问题研究：基于跨境电子商务 [M]. 北京：人民日报出版社，2018.

[7] 鲁丹萍. 跨境电子商务 [M]. 北京：中国商务出版社，2015.

[8] 马述忠，柴宇曦，濮方清，等. 跨境电子商务案例 [M]. 杭州：浙江大学出版社，2017.

[9] 史健勇，李含伟. 跨境电子商务创新教学平台软件实验指导 [M]. 上海：上海交通大学出版社，2016.

[10] 徐凡. 跨境电子商务基础 [M]. 北京：中国铁道出版社，2017.

[11] 张永捷，姜宏，李冰. 跨境电子商务新手攻略 [M]. 北京：对外经济贸易大学出版社，2015.

[12] 赵志田. 跨境电子商务价值创造与测度研究 [M]. 郑州：河南人民出版社，2016.

[13] 钟卫敏. 跨境电子商务 [M]. 重庆：重庆大学出版社，2016.